기독교 100대 고전

기독교 100대 고전

1판 1쇄 인쇄 2007년 3월 5일
1판 1쇄 발행 2007년 3월 10일

지은이 피터 툰
옮긴이 정지훈
펴낸곳 (주)씨뿌리는 사람

등록번호 제2006-4호
주   소 경기도 이천시 부발읍 아미리 725
(서울사무소) T. 741-5184~5 F. 744-1634

책값은 뒤표지에 있습니다.

ISBN 978-89-90342-21-8

"천국은 마치 사람이 자기 밭에 갖다 심은 겨자씨 한 알 같으니
이는 모든 씨보다 작은 것이로되 자란 후에는 나물보다 커서 나무가 되매
공중의 새들이 와서 그 가지에 깃들이느니라" (마 13:31-32).

공급처 기독교문사 도매부 T. 741-5181~3 F. 762-2234

기독교 100대 고전
신앙 생활을 풍요롭게 해 주는 신앙 거장들의 걸작 100선 – 영적 동반자

피터 툰 지음 | **정지훈** 옮김

씨뿌리는 사람

Spiritual Companions
- *an introduction to the Christian Classics*

Copyright ⓒ 1990 Peter Toon
Under the title *Spiritual Companions*

Translated and used by the permission of author
through the arrangement of KCBS Literary Agency.
Korean copyright ⓒ 2007 by Christian Seeder

이 책은 Peter Toon과 KCBS를 통해 저작권 계약을 맺어 완역한 것입니다.
이 책의 한국어 판권은 씨뿌리는 사람이 소유하며,
무단 전재와 복제 등 일체의 사용을 금합니다.

CONTENTS

머리말 | 10

1 《천국으로 가는 확실한 안내서》 조셉 얼라인 지음 | 19
2 《개인 묵상집》 랜슬럿 앤드루스 지음 | 21
3 《비전서》 폴리뇨의 안젤라 지음 | 23
4 《기도와 묵상》 캔터베리의 안셀름 지음 | 26
5 《참된 기독교》 요한 아른트 지음 | 28
6 《성 안토니의 생애》 성 아타나시우스 지음 | 31
7 《고백록》 히포의 어거스틴 지음 | 34
8 《삼위일체론》 히포의 어거스틴 지음 | 37
9 《거룩한 지혜》 어거스틴 베이커 지음 | 39
10 《긴 규칙서》 대 바실 지음 | 41
11 《성도의 영원한 안식》 리처드 백스터 지음 | 44
12 《수도원을 위한 규칙》 누르시아의 베네딕트 지음 | 47
13 《하나님을 사랑하는 것에 관하여》 클레르보의 버나드 지음 | 49
14 《아가서 설교집》 클레르보의 버나드 지음 | 51
15 《로버트 머레이 맥체인 회고록》 앤드루 보나르 지음 | 53
16 《하나님께로 가는 영혼의 여정》 보나벤투라 지음 | 55
17 《생명의 나무》 보나벤투라 지음 | 57
18 《성 프랜시스의 생애》 보나벤투라 지음 | 59
19 《나를 따르라》 디트리히 본회퍼 지음 | 61
20 《확신 지상에서 누리는 천국》 토마스 브룩스 지음 | 64
21 《천로역정》 존 번연 지음 | 66

22 《죄인에게 넘치는 은혜》 존 번연 지음 |68

23 《크리스천의 만족이라는 희귀한 보석》 예레미야 버로스 지음 |71

24 《성인들의 생애》 알반 버틀러 지음 |73

25 《기독교 강요》 존 칼빈 지음 |75

26 《컨퍼런스》 존 카시안 지음 |77

27 《연옥》 제노아의 카타리나 지음 |79

28 《영적 대화》 시에나의 카타리나 지음 |81

29 《자기 포기―하나님의 섭리에 순종하는 삶》 장 피에르 드 코사드 지음 |83

30 《신앙심의 시작과 발전》 필립 도드리지 지음 |85

31 《사랑, 세상에서 가장 위대한 것》 헨리 드러먼드 지음 |87

32 《데이비드 브레이너드의 생애와 일기》 조나단 에드워즈 지음 |89

33 《애정의 영성》 조나단 에드워즈 지음 |92

34 《회상록》 트리니티의 엘리자베스 지음 |94

35 《자서전》 찰스 G. 피니 지음 |97

36 《작품집》 아시시의 성 프랜시스 지음 |99

37 《경건한 삶으로의 안내》 살레스의 성 프랜시스 지음 |101

38 《하나님의 사랑에 관하여》 살레스의 성 프랜시스 지음 |103

39 《천국에 계신 그리스도의 마음》 토마스 굿윈 지음 |105

40 《모세의 생애》 닛사의 그레고리 지음 |107

41 《트라이어드》 그레고리 팔라마스 지음 |109

42 《내면의 영혼을 위한 설명서》 요한 니콜라스 그라우 지음 |111

43 《크리스천의 전신갑주》 윌리엄 거널 지음 |113

44 《짧고도 쉬운 기도 방법》 마담 귀용 지음 |115

45 《신전》 조지 허버트 지음 |118

46 《완전의 사다리》 월터 힐턴 지음 |121

47_《조카딸에게 보내는 편지》 바론 프리드리히 폰 휘겔 지음 |123

48_《노아의 방주》 성 빅토르의 휴 지음 |125

49_《서신》 안디옥의 이그나티우스 지음 |127

50_《영성 훈련》 로욜라의 이그나티우스 지음 |129

51_《초대 감리교 목사들의 생애》 토마스 잭슨 엮음 |131

52_《가족을 위한 기도》 벤자민 젱크스, 찰스 시므온 지음 |133

53_《갈멜 산 등정과 어두운 밤》 십자가의 성 요한네스 지음 |135

54_《신성한 사랑의 계시》 노리치의 줄리안 지음 |138

55_《한 가지만 하기를 원하는 순결한 마음》 키르케고르 지음 |140

56_《경건하고 거룩한 삶을 위한 진지한 부르심》 윌리엄 로 지음 |143

57_《하나님의 임재 연습》 로렌스 형제 지음 |146

58_《그리스도의 이름들》 루이스 드 레온 지음 |149

59_《크리스천의 자유》 마틴 루터 지음 |151

60_《간단하게 기도하는 법》 마틴 루터 지음 |153

61_《필로칼리아》 고린도의 성 마카리우스, 성산의 성 니고데모 편집 |155

62_《폴리캅의 순교》 마르키온 지음 |157

63_《자서전》 조지 뮐러 지음 |159

64_《자기 생애를 위한 변호》 존 헨리 뉴먼 지음 |161

65_《서신집》 존 뉴턴 지음 |163

66_《하나님의 비전》 쿠사의 니콜라스 지음 |166

67_《팡세》 블레즈 파스칼 지음 |168

68_《기도와 묵상론》 알칸타라의 성 베드로 지음 |170

69_《12명의 조상과 신비의 방주》 성 빅토르의 리카르도 지음 |172

70_《사랑의 불》 리처드 롤 지음 |174

71_《믿음의 삶, 동행, 그리고 승리》 윌리엄 로메인 지음 |177

72_《서신집》 새뮤얼 러더퍼드 지음 | 179

73_《번쩍이는 돌》 뤼스부르에크 지음 | 181

74_《거룩함》 존 찰스 라일 지음 | 183

75_《경건한 요청》 필립 제이콥 스펜서 지음 | 185

76_《자서전》 찰스 해던 스펄전 지음 | 187

77_《주님의 발 아래》 사두 선다 싱 지음 | 189

78_《영원한 지혜의 소책자》 하인리히 수소 지음 | 192

79_《담화집》 신 신학자 성 시므온 지음 | 194

80_《설교집》 요한네스 타울러 지음 | 196

81_《허드슨 테일러의 생애》 하워드 테일러 부부 지음 | 198

82_《완전의 길》 아빌라의 테레사 지음 | 201

83_《생애》 아빌라의 테레사 지음 | 204

84_《내면의 성이라는 맨션》 아빌라의 테레사 지음 | 206

85_《자서전》 리지외의 성녀 테레즈 지음 | 208

86_《그리스도를 본받아》 토마스 아 켐피스 지음 | 211

87_《기도와 묵상》 토마스 아 켐피스 지음 | 213

88_《묵상문 100선》 토마스 트러헌 지음 | 215

89_《나는 어떻게 크리스천이 되었나》 우치무라 간조 지음 | 217

90_《영성 생활》 이블린 언더힐 지음 | 219

91_《기도 안내》 아이작 와츠 지음 | 221

92_《찬송가》 찰스 웨슬리 지음 | 223

93_《크리스천의 완전에 대한 평이한 설명》 존 웨슬리 지음 | 226

94_《존 플레처 목사의 생애와 죽음》 존 웨슬리 지음 | 228

95_《44편의 설교》 존 웨슬리 지음 | 230

96_《조지 휫필드의 일기》 조지 휫필드 지음 | 233

97 《실제적 견해》 윌리엄 윌버포스 지음 |236
98 《무지의 구름》 익명의 영국 수사 지음 |238
99 《독일 신학》 익명의 저자 지음 |240
100 《순례의 길》 익명의 러시아 저자 지음 |242

에필로그 |244

머리말

나는 최근에 A Guide to the Spiritual Life(Marshall-Pickering, 1988)를 편집하는 특권을 얻었다. 이 책에서 아더 스케빙턴 우드 박사는 독자에게 영국에서 크리스천의 영적 생활에 중요한 책의 저자와 관련된 집이나 장소를 여기저기 관광 가이드처럼 안내해 준다. 예를 들어 내가 교구 목사로 봉직했던 이스트 앵글리아(East Anglia)에서 그는 라벤햄이라는 조그마한 마을을 방문한다. 윌리엄 거너가 그곳에서 교구 목사로 있으면서 그의 저서인 A Christian in Complete Armour를 집필했다는 사실을 상기시켜 주기 위해서다. 그런 다음 그는 서포크에서 노포크로 경계를 건너 여성 은자였던 줄리안 수녀가 주님께서 그녀에게 주신 계시(Revelations)를 기록했던 노리치를 보러 간다.

그의 여행에서 스케빙턴 우드 박사는 우리는 크리스천으로서 시간과 공간을 통해 동료 크리스천들과 연합해야 한다는 점을 강조한다. 교회가 공간을 통하여 영향력을 확장함으로 우리는 오늘날 세계 방방곡곡의 크리스천들의 글에서 이득을 볼 수 있다[예를 들어 나는 한스 우르스 폰 발타자르(Hans Urs Von Balthasar)와 그의 친구 아드리엔네 폰 스파이어(Adrienne Von Speyr)의 통찰에 깊은 감명을 받았다]. 또한 시간의 확장으로 오늘날 우리의 순례를 돕기 위해 수세기의 지혜를 얻을 수 있다. 이 책의 내용이 보여 주기를 바라듯이 영적 고전은 우리가 활용할 수 있는 거룩하고 실제적인 은혜의 보고다. 그 고전들은 소화되어 우리를 예수 그리스도의 형상으로 만들어 줄 준비가 되어 있다. 토마스 아 켐피스는 독실한 신자가 조용한 코너(심지어 통근 열차에서도!)에서 조그마한 책을 가지고 기쁨을 얻는다고 말했을 때 수천 명을 대변했다. 따라서 이 책에 "영적 동반자"(Spiritual Companions)라는 제목을 붙이게 되었다.

하지만 크리스천에게 성경을 대체할 만한 책은 없다. 어떤 문학도 신성한 성경 구절의 가치와 결코 비견될 수 없다. 그 밖의 모든 책은 아무리 참된 크리스천 정신이 깊이 스며들어 있다 하더라도 부차적인 보조 역할을 맡아야 한다. 구약과 신약 성경만 하나님께서 인류를 위하여 하신 구원과 구속, 그리고 화목의 역사의 권위 있는 기록이기 때문이다. 이 성스러운 책에서 교회가 공동 예배 시간에 말씀을 읽고, 믿음과 도덕에 관한 가르침을 발전시킨다. 이 책은 율법과 선지자, 그리고 특히 예수 그리스도를 통하여 하나님의 자아 계시의 내용을 제공한다. 이 말씀은 독특하며 대체가 불가능하다.

그렇다면 이렇게 물을 수도 있다. "다른 신앙, 도덕, 그리고 영성에 관한 책에 신경을 써야 할 이유가 있는가?" 만약 크리스천에게 책을 읽을 시간이 조금밖에 없다면 그 사람은 반드시 성경을 읽어야 하며, 어쩌면 복음서만 읽어야 한다. 그러나 신성한 성경 구절과 함께 다른 책을 읽을 시간이 충분히 있다면, 예수님의 열두 제자의 죽음 이래 수세기 동안 교회에서 만들어진 영성의 고전이라 불리는 책들을 읽는 것이 가장 좋다. 이러한 책들은 성경을 홀로 낭독하거나 묵상하는 것보다 독자들로 하여금 더 많은 통찰과 헌신을 갖고 말씀을 다시 읽도록 만든다. 더 나아가 이 고전들을 읽으면(특히 성경을 묵상하는 것이 그렇듯이) 하나님을 찾고자 하는 갈망과 성향이 생긴다. "내 영혼이 하나님 곧 생존하시는 하나님을 갈망하나니"(시 42:2).

존 웨슬리는 '한 책의 사람'(homo unius libri)이 되게 해 달라고 기도했다. 그의 《44편의 설교》의 서문에는 이 주제에 관해 설득력 있게 설명한 문단이 있다. 그는 거기서 성경에 대한 그의 접근과 그 책을 묵상하는 방식을 설명한다. 그러나 비록 그의 야망이 '한 책의 사람'이 되는 것이었지만, 웨슬리는 다른 책도 열의를 갖고 읽었으며 거기서 큰 이익을 보았다. 그는 1750년에서 1756년까지 The Christian Library를 50권으로 편집하고 출간했다. 이 책은 기독교 생활에 관해 쓴 폭넓은 저자들의 편집된 발췌문을 수록하고 있으며, 그중 몇몇은 이 책에 포함되어 있다. 그의 목표는 감리교 신자들을 한 책의 사람으로 만드는 것이었다. 그것도 모순적으로 신중하게 선정된 여러 권의 책을 읽게 만들어서 이익을 얻게 했다.

고전이란 무엇인가?

나는 고전을 가톨릭 및 사도 시대 교회에서 거룩함과 기독교 성숙으로 이끄는 중요한 영향력으로 인식된 하나의 신성한 책이라고 말하고 싶다. 게다가 그 책은 읽고 또 읽어도 거의 항상 이익을 얻을 수 있다.
여러 가지 기독교 전통(그리스 정교, 로마 가톨릭교, 개신교)을 가진 거의 모든 견문이 넓은 크리스천들이 확실히 고전으로 간주할 책은 극소수다. 그런가 하면 고전으로 열거될 그 밖의 많은 책들이 있지만 모든 사람이 동일한 목록을 제공하지는 않을 것이다. 한 사람이 서로 다른 기독교 전통의 영성에 관한 책을 많이 읽을수록 그 사람의 목록이 더 다양할 것이다. 기독교 전통의 각 주류에 고전이 있지만 덧붙이자면 반드시 주류에 들지 않는 비주류에도 극소수의 고전이 있기도 하다.

왜 이 책들을 선정했나?

100권의 영성에 관한 책들을 선택하기가 결코 쉽지 않았다. 물론 나의 선택은 전적으로 개인적이며, 지난 30년간 나의 폭넓은 독서와 광범위한 여행에 기초를 두고 있다. 나는 러시아, 그리스, 이탈리아, 스위스, 프랑스, 독일, 이스라엘, 스웨덴, 캐나다, 미국, 라틴아메리카, 호주, 그리고 아시아에 있는 수많은 신학교, 대학, 수도원, 교회, 그리고 단체의 초대를 받은 적이 있다. 이런 접촉을 통해 나는 많은 것을 배웠고, 내가 임명되어 목사로 섬기고 있는 영국 국교회 이외의 전통에 속한 영성에 대해 깊은 인상을 받기도 했다.

내가 이 책들을 선정할 때 특정 정의와 기준이 있었는데, 아마 그것들을 열거하면 더 쉽게 이해가 될 것이다.

1. '영성'에서 내가 의미하는 바는 각 기독교 신자와 전 교회 내에서 신성, 성숙, 완벽, 거룩함, 깊은 신앙심, 충실함, 그리고 동정심에 대한 깊고 지속적인 갈망을 가져다주는 그리스도의 영인 성령의 역사다[내가 집필한 《기독교란 무엇인가? 그리고 그것이 나에게 맞는가?》(*What is Christianity? And is it for me?* D.L.T., 1989)를 참조].

2. '영성'에서 내가 의미하는 바는 '삼위일체의 영성'이다. 즉 성령 안에 하나님의 독생자를 통하여 하나님 아버지께 바치는 예배와 제자도, 그리고 섬김의 한 형태를 의미한다. 고전이란 내용이 영광송을 긍정적으로 인정하는 책이다. "성부, 성자, 성령께 찬송과 영광 돌려 보내세. 태초로 지금까지. 또 영원무궁토록. 성삼위께 영광 영광. 아멘." 이 정의에 비추어서 나는 야콥 뵈메(Jacob Boehme)와 널리 알려진 퀘이커교도 저자들을 제외했다. 왜냐하면 그들의 삼위일체론에 대해 확신

이 없기 때문이다.

3. 나는 선정한 책을 영문 번역으로 입수 가능한 책과 금세기에 적어도 한 번 이상 영국이나 북아메리카에서 출간된 책으로 제한했다. 하지만 내가 선정한 대부분의 책은 몇 판 또는 여러 판 인쇄되었다.

4. 더 잘 이해하기 위해서 특정 신학적 지식이나 교육을 필요로 하지 않는 책만 선정했다. 그래도 몇몇 경우에는 흥미와 노력이 짝지어질 필요가 있다. 내가 선택한 문서는 모든 사람이 읽을 수 있다. 따라서 영향력이 지대했지만 그 내용을 이해하기가 상당히 어려운 저자들은 포함하지 않았다. 예를 들자면 위(僞)-디오니시우스(Pseudo-Dionysius), 마이스터 에크하르트(Meister Eckhart), 그리고 에바그리오(Evagrius) 등이 여기에 속한다.

5. 내가 태어난 해인 1939년 이후에 나온 책은 포함하지 않기로 했다! 더 중요한 것은 이 해가 우리 세계에 큰 변화를 가져온 제2차 세계대전이 발발한 해라는 사실이다. 근대의 어느 책이 고전의 칭호를 받을 만한지 판단하기가 대단히 어렵다. 아마 그 칭호를 받을 만한 책 몇 권을 생각해 낼 수 있지만 여기에 언급하지 않는 것이 최선이라고 생각한다. 어쩌면 이런 책들에 경의를 표할 또 하나의 책을 집필해야 할지도 모른다.

6. 나는 진정으로 교파를 초월하려 했다. 우리가 교부 시대라 부르는 시대, 동방의 그리스 정교회, 서방의 로마 가톨릭 교회, 종교 개혁 시대의 교회, 그리고 제3 세계의 교회에서 집필된 책을 포함했다. 후자 범주에서 책을 찾기가 어려웠지만 두 권을 포함했다. (다행스럽게도 1939년도 이후에 아프리카와 아시아의 교회에서 글이 엄청나게 쏟아져 나왔다.)

마지막으로 20권 이상의 책을 더 포함할 수도 있었다고 말해야 할지도 모른다. 어떤 책을 제외해야 할지 결정하기가 상당히 어려웠으며 마지막 선택에 완전히 만족할지 모르겠다. 하나님과 가까이 동행하고 그들의 체험 사실을 표현할 정도로 재능이 많은 남녀가 우리에게 남겨 준 자료의 방대함은 너무나 압도적이다.

저자들의 견해가 서로 다른가?

내가 100권의 책 밑바탕에 깔린 신학을 조사했을 때, 하나님 앞에 거룩하고 완전해지는 법을 이해하는 데 기본적으로 세 가지 다른 접근법이 있다는 것을 보았다. 그 중에 그리스 접근법은 신화(deification)다. 즉 삼위일체의 제3격인 성령을 통하여 그리스도에게서 한 영혼으로 거룩한 생명을 불어넣는 것이다. 따라서 하나님과의 교제와 연합이 구원의 목표며, 이는 인간들이 세상과 육신에 의지하지 않고, 하나님의 은혜의 광선으로 변화를 받음으로 가능하게 된다(p. 109의《트라이어드》참조).

로마 가톨릭 사상에서 지속된 중세의 서구적인 접근법은 세 가지 방식으로 이루어진다. 즉 죄의 정화/청결해짐, 정신의 내적 교화/조명, 그리고 은혜로 하나님과 하나가 되는 것이다. 이러한 접근은 논리적인 단계가 아니지만 자기중심적이고 죄스러운 상태에서 하나님의 눈을 즐겁게 해 주는 거룩하고, 의로우며, 순결해지는 세 가지 필수적인(한 번밖에 없는 것이 아니라 반복 가능한) 영혼의 체험이다. 하나님은 세례를 받은 크리스천에게서 이 행위의 조합을 늘 기대하신다(p. 238의《무지의 구름》참조).

개신교 접근은 칭의(justification)와 성화(sanctification)를 중심으로

이루어진다. 칭의는 하나님께서 신자의 죄를 용서하고 그를 그분의 용서받은 자녀들의 가족으로 입양함으로 그분과 올바른 관계를 정립하도록 하는, 그분이 행하시는 일이다. 이를 근거로 하는 성화의 과정이 있다. 거기서 사람은 내주하는 성령의 능력과 신실, 순종, 그리고 신뢰에 대한 반응으로 성스럽게 만들어진다(p. 75의 《기독교 강요》 참조).

로마 가톨릭 신학 서적 중에는 그리스 정교회의 접근을 비판하는 책이 있으며, 반대로 그리스 정교회 저자들이 로마 가톨릭 접근을 혹평하기도 한다. 그런가 하면 그리스 정교회의 접근과 로마 가톨릭의 접근에 대해 불평하는 개신교도의 책도 있다. 크리스천들은 의견을 달리하는 것을 항상 즐거 왔다! 그런데도 놀라운 사실은 각 전통이 하나님의 은혜로 성자를 배출했다는 점이다. 사람의 마음이 중보자이신 예수 그리스도 안에서 하나님을 만나는 데 있다면, 그 사람이 선호하는 영적 전통은 단지 묵상, 명상, 실제적인 성결(practical holiness), 그리고 하나님과의 교제를 위한 배경이 되는 듯하다. 그들이 예수님께 비추어서 하나님을 바라본다면 성자들이 보는 것은 사랑의 삼위일체이신 동일하게 무한하고 영원하신 신격이다. 교파는 언젠가 사라질 것이다. 어쩌면 각각의 세 가지 전통이 진정한 크리스천을 배출할 수 있다는 것을 덧붙여야 할 필요가 있을지도 모른다.

신학이 중요하지 않다고 말하는 것은 아니다. 신성한 삼위일체인 하나님과의 교제, 연합, 그리고 친교는 그저 정확하거나 확실한 신학으로 나타나는 것이 아니라는 말이다. 마음이 하나님의 사랑으로 불붙지 않고 의지가 그분을 찾고, 그분께 순종하는 데 헌신되어 있지 않은 이상, 기독교계에서 최상이자 가장 정확한 교리는 단독으로 거룩함을 결코 이루지 못한다.

어쩌면 영적 생활에 관한 고전을 읽는 최상의 방법은, 한 사람이 하나님과 함께하는 삶에서 배우는 것을 진심으로 적용하려는 의도를 갖는 것이라고 덧붙여야겠다. 이런 독서는 더 큰 믿음과 사랑의 반응을 불러일으킬 것이다. 우리가 듣거나 반응하고자 하는 의향이 없이 읽는다면 우리 마음을 무감각하게 만드는 위험한 상태에 빠지게 된다.

독자를 위한 지침

선정된 책은 연대순이 아니라 저자의 이름에 따라 알파벳 순서로 소개되었다. 각 책을 소개하는 나의 목표는 그 책의 저자와 그 내용, 그리고 그 책의 특징에 대해 약간 설명하는 것이다. 각 해설에 한 개 이상의 길거나 짧은 인용문이 포함되었다. 일반적인 목표는 독자가 그 책을 찾아보고 살펴본 다음에, 바라건대 자신을 위하여 책 전체를 읽어 보도록 격려하는 것이다. 어쩌면 앞으로 8년 동안 여기에 실린 책을 한 달에 한 권씩 읽을지도 모르는 법이다!

각 책의 다양한 판을 전부 열거하려 하지 않았기 때문에 어떤 독자들은 실망할 것이다. 공립 또는 대학 도서관은 어떤 책의 판이라도 찾을 수 있도록 도울 수 있는 수단을 갖고 있다. 더 나아가 훌륭한 서점은 책이 판매 중인지 절판되었는지를 알려 줄 수 있을 것이다. 19세기 판이 근대판보다 오히려 더 낫다는 사실을 발견할지도 모른다. 어떤 경우에는 원본을 프랑스어나 독일어나 스페인어로 읽을 수 있을지도 모른다. 일반적으로 그 책을 더 자세히 읽어 나갈 것을 격려하기 위하여 가장 입수하기 쉬운 판을 열거했다. 몇몇 출판사들은 크리스천 저자들의 고전 시리즈를 만들어 낸다는 점도 발견할 것이다.

예를 들어 SPCK와 폴리스트 출판사의 《서구 영성의 고전》(*The*

Classics of Western Spirituality), Hodder and Stoughton사의 《호더 크리스천 고전》(*Hodder Christian Classics*), 그리고 Burns & Oats의 《오처드 북스》(*Orchard Books*) 등이 있다. 출판사의 출판 목록은 살펴볼 만한 가치가 충분히 있다. 끝이 없고 무한정으로 다양한 진수성찬이 굶주린 독자를 기다린다. 이 콜렉션을 간소한 에피타이저로 제공한다.

코 더햄 스테인드롭의 목사관에서,
1989년 8월 28일 성 어거스틴 성찬에,
피터 툰

1

《천국으로 가는 확실한 안내서》
A Sure Guide to Heaven
조셉 얼라인(1634-1668) 지음

목사, 저술가, 그리고 신실하고 해박한 남자인 얼라인은 비국교도 목사가 된 영국 청교도 목사의 완벽한 본보기다. 그는 1655년에 임명되었지만 거의 2,000명 정도의 신도들과 함께 1662년에 추방되었다. 양심적으로 찰스 2세의 지배 아래 교회의 새로운 질서를 받아들일 수 없었기 때문이다. 그는 교구 체계 밖에서 복음을 설교한 죄로 감옥에 갇혔다. 그는 감옥에서 풀려나지 못하고 웨일즈나 해외에서 선교 사역을 계획하다 34세의 나이에 죽었다.

그러나 그가 집필한, 청렴결백함과 복음을 전하고자 하는 열망이 살아 숨쉬는 가장 영향력 있는 이 책은 그가 죽은 뒤 4년 후인 1672년까지 출간되지 않았다. 출간된 이후 이 책은 곧 베스트셀러가 되었으며 사람들을 그리스도께 인도하는 데 큰 영향을 미쳤다. 금세기에 이 책은 적어도 6번 재판되었다. 이상하게도 이 책은 17세기와 18세기에 세 가지 제목이 있었다. 그 제목은 *An Alarm(or A Call) to the Unconverted*와 *A Sure Guide to Heaven*이다. 이 책은 아마 주 예수 그리스도를 믿는 것과 죄에서 등을 돌리고 하나님 아버지께로 가는 것이 정말로 무엇을 의미하는지에 관해 영어로 된 최상의 간략한 해설이라고 주장될 수 있을지도 모른다. 이 책에 나오는 실례가 구식이기는 하나 그 메시지는 17세기에도 그랬듯이 지금도 사실로 들린다.

다음은 얼라인이 자신의 작품을 어떻게 보았는지에 관해 서문에 쓴 글이다.

여러분 중에 몇몇은 내가 개종이라고 말하면 그것이 무엇인지 모른다. 당신이 이해하지 못하는 것을 설득하려 해 봤자 헛될 뿐이다. 따라서 당신을 위하여 개종이 무엇인지 보여 주겠다.

다른 사람들은 자신이 사는 대로 계속 살면서 자비에 대한 은밀한 소망을 신봉한다. 이들을 위해서라도 나는 개종의 필요성을 보여 주어야만 한다.

다른 사람들은 자신이 이미 개종되었다는 헛된 자만심으로 자신을 무감각하게 만든다. 이들을 위해서라도 나는 개종하지 않은 사람들의 불행을 보여 주겠다.

다른 사람들은 위험을 느끼지 못하고 아무것도 두려워하지 않으며 돛대 위에서 잠을 자기 때문에, 개종하지 않은 사람들의 불행을 보여 주겠다.

다른 사람들은 가만히 앉아 있다. 도망갈 길을 보지 못하기 때문이다. 그들에게 나는 개종의 방법을 보여 주겠다.

그리고 마지막으로 모든 이의 소생을 위하여 개종의 동기로 글을 맺겠다.

참된 기독교 영성의 시작은 주 예수 그리스도의 아버지이신 하나님께 귀의하는 것이다. 이 책은 진정한 개종—자기중심적인 삶에서 그리스도 중심적인 삶으로—이 무엇을 수반하는지에 관한 견해를 포함하고 있다. 그 자체로 이 책은 들을 귀 있는 자들과 볼 눈이 있는 사람들에게 설득력 있게 말한다. 이 책은 짧고, 명료하며, 강력한 장점이 있다! 이 책을 어떤 이들이 그런 것처럼 단지 청교도의 열의를 나타내는 한 예로 간주하는 것은 잘못이다. 이 책은 시간과 영원 속에서 그분과의 관계에 관하여 어떤 배경과 종교적 전통을 가진 사람들에게도 하나님을 대변할 수 있다.

2

《개인 묵상집》
Private Devotions
랜슬럿 앤드루스(1555-1626) 지음

앤드루스는 런던에 있는 성 바울 성당의 설교자로 유명했으며, 그의 *Ninety-Six Sermons*는 성공회 설교의 고전으로 남아 있다. 그는 영국 성공회에서 엘리자베스 1세와 제임스 1세 재임 동안 높은 관직을 맡았으며 그의 직업상 경력을 윈체스터의 주교로 마감했다. 그는 성경 번역가로서 1611년 흠정역본(킹 제임스)을 만들 때 창세기부터 신명기, 그리고 열왕기상부터 역대하까지 책임을 맡았다. 그는 신학자로서 독특하게 성공회다운 개신교 신학을 만드는 데 일조했다.

그는 또한 깊은 개인적 신앙심과 영성의 남자였다. 그의 사역 전반에 걸쳐 성경에서 개인적으로만 사용할 목적으로 기도와 묵상, 그리고 고대 기도서와 전례식문을 수집했다. 이 수집물 중에 일부는 *A Manual of the Private Devotions and Meditations of Lancelot Andrewes*라는 제목 아래 리처드 드레이크(Richard Drake)에 의해 1648년에 영문 번역본으로 출간되었다. 앤드루스가 남긴 필사본의 첫 종합판은 1675년 클라렌든 출판사(Clarendon Press)에 의해 제작되었고(존 램프서 편집), *Peces Privatae, Graece & Latine*이라는 제목이 붙었다.

제목이 암시하는 바와 같이 이것은 실제 묵상과 기도, 그리고 묵상과 기도를 위한 제안 또는 개요로 이루어진 책이다. 앤드루스의 성경에 대한 깊은 관심과 애정이 그의 모든 믿음의 사상을 형성하는 것으로 보이지는 않을 것이다. 그의 기도문은 흔히 성경 문장과 문구의 틀을 토대로 한다. 여기서 소재는 주로 성경이지만 전례식과 묵상의 고대 문서의 부가물도 포함되기도 한다. 이 모든 것은 독특하게 성공회적인 스타일로 엮였다. 그의 짧은 기도문을 예로 들어 보면 다음과 같다.

> 다윗처럼 일곱 번씩이 아니라면(시 119:164)
> 다니엘처럼 세 번씩 기도하는가?(단 6:10)
> 솔로몬처럼 길게 못 하면(왕상 8:22)
> 세리처럼 짧게 기도하는가?(눅 18:13)
> 그리스도처럼 온 밤을 지새우지 않는다면(눅 6:12)
> 한 시간이라도 기도하는가?(마 26:40)
> 땅에 엎드리거나 재를 뿌리지 않는다면(막 14:35; 단 9:3)
> 침상에서라도 기도하는가?(아 3:1)

금식에 관한 또 하나의 기도문은 다음과 같다.

> 굵은 베를 입지 않는다면(욘 3:8)
> 자색 옷과 고운 베옷을 입지 않고 금식하는가?(눅 16:19)
> 모든 음식을 금식하지 않으면(삼하 3:35)
> 진미만 금식하는가?(단 1:8)

이 책은 일상적인 묵상 기도를 다양화하거나 깊게 하고 싶은 사람들을 위한 수집물이다. 겉으로 보기에는 흥미로워 보이지 않을지도 모른다. 이 책을 사용해 보아야지만 그 성경적 지식의 깊이와 그것을 만드는 데 들어간 확신을 체험할 수 있다.

3

《비전서》
Book of Visions
폴리뇨의 안젤라(c.1248-1309) 지음

 안젤라는 부유한 가정에서 자라났으며, 엄브리아주의 폴리뇨에서 거의 전 생애를 보냈다. 그녀는 결혼을 하고 자녀를 낳았으며, 풍요로움을 누리면서 평범하게 세상적인 삶을 살았다. 프란체스코 방식의 찬미자가 된 그녀는 프란체스코 제3회원[1]이 되었다. 하지만 그녀의 어머니와 남편, 그리고 자녀들이 모두 죽을 때까지 진정으로 개종되지 않았다. 그래서 프란체스코 이상을 향한 그녀의 점진적인 여정이 길고 고통스러웠다. 하지만 가난한 삶을 마침내 받아들인 그녀는 마음속으로 하나님을 아는 데서 오는 기쁨과 평안을 느끼기 시작했다.

 그녀가 하나님을 향해 마음이 열렸을 때 여러 가지 비전을 받았고, 특히 그녀에 대한, 그리고 그녀의 내면에서 하나님의 깊은 사랑을 누렸다. 그녀가 하나님의 임재하심과 그분의 사랑을 가장 뜻 깊게 체험한 것은 폴리뇨에서 아시시까지 순례 여행을 할 때였다. 여기 신성한 삼위일체이신 하나님께 바친 예배당에서 그녀는 하나님께서 성부, 성자와 성령으로서 그분의 사랑을 그녀의 마음속에 쏟아 붓는 깊고 신비로운 체험을 했다.

 그녀는 이 비전을 그녀의 삼촌이자 프란체스코 수도회의 수사인 아놀

---

[1] 제3회원(tertiary)이란 로마 가톨릭 교회의 제3회의 일원이다. 이는 평신도로 구성된 종교 단체로서 한 수도회와 관계가 있으며, 그 수도회의 규칙을 수정된 형태로 따른다.

도에게 들려주었고, 그는 이 내용을 받아썼다. 이 비전은 뜻이 신비로우며 흔히 자기 비판적이다. 이것들의 주요 주제는 '자존의 영원하고 삼위일체이신 하나님의 사랑'과 인간의 마음속에 있는 하나님의 형상이다. 이 비전은 안젤라가 '신성한 위안'이라 부르는 것을 선사한다.

그녀는 기도에 관하여 다음과 같이 썼다.

우리는 기도를 통하여, 그리고 기도 속에서 하나님을 발견한다. 여러 종류의 기도가 있지만 세 가지 종류에서만 하나님을 발견하게 된다. 첫 번째는 육신적, 두 번째는 정신적, 그리고 세 번째는 초자연적이다. (그런 다음 첫 두 가지를 설명한 뒤 다음과 같이 계속해서 글을 잇는다.) 초자연적 기도는 이 지식 또는 묵상 또는 하나님의 모든 충만하신 것으로 영혼이 너무나 고양되어 본래 특성을 뛰어넘도록 향상되어서, 그렇지 않은 경우에 이해할 수 있는 것보다 하나님을 더 잘 이해하게 되는 것을 말한다. 또한 그 영혼은 깨달음을 안다. 그러나 그것이 아는 것을 설명할 수 없다. 그것이 인지하고 느끼는 모든 것이 그 본래의 성질을 초월하기 때문이다.

안젤라에게는 하나님과 더 깊은 교제의 길이 죄를 억제하는 금욕주의적 삶과 통성 및 정신적 기도의 길을 통해 이루어졌다. 은혜로운 구세주의 임재를 느끼는 데는 지름길이 없다. 왜냐하면 하나님께서는 그분이 주시는 은혜의 방법을 통해 준비하신 사람에게만 자신을 나타내시기 때문이다.

그녀의 작품이 가톨릭 신자뿐만 아니라 루터교 신자들에게도 소중하게 여겨졌다는 것이 흥미롭다. 실제로 요한 아른트는 그의 저서 《참된 기독교》(*True Christianity*, 1606)에서 이 글을 장황하게 인용한다. 오늘날도 이 글은 하나님께서 평신도 여성에게 주신 진정한 기독교적 신비 체험의 기록으로서 가치가 있다. 따라서 안젤라의 책은 피정할 때 읽기에 적합하며, 또한 기도에 관한 자극적인 읽을거리를 제공하기도 한다.

4

《기도와 묵상》
Prayers and Meditations
캔터베리의 안셀름(1033-1109) 지음

안셀름은 신학자, 철학자, 그리고 목사로서 유명하다. 그는 1093년부터 1109년까지 캔터베리의 대주교였다. 그는 그리스도의 속죄에 대하여 중요한 책인 *Cur Deus Homo*를 집필했으며, 그의 책 *Proslogion*에서 하나님의 존재에 대한 존재론적 논쟁을 발전시켰다. (이는 하나님이 존재한다는 논쟁이다. '신'이라는 개념이 그런 존재의 실존을 필요로 하기 때문이다.) 그보다 앞선 성 어거스틴과 같이 안셀름은 진정한 믿음(성경에 기록된 하나님과 그분의 자아 계시에 대한 믿음)에서 묵상과 신학에 따라 사는 것에 논리의 올바른 사용을 위한 전제 조건을 보았다. 이 기본적인 접근은 "모르기 때문에 믿는다"(credo ut intelligam)로 흔히 표현되었다. 그렇지만 나는 알기 위하여 믿는다.

그는 캔터베리로 이전하기 전에 노르망디에서 벡(Bec)의 수도원장을 지낼 때 라틴어 압운 산문체로 *Prayers and Meditations*를 집필했다. 이 글은 다른 사람들의 요청 때문에 수도원, 수녀원 또는 성당의 일반 예배 외에 개인적으로 묵상하고 기도하는 방법을 안내하기 위하여 집필되었다. 가장 좋은 현대 버전은 Benedicta Ward가 편집한 책이다.

얼핏 보기에 19개의 기도문 중 14개의 특성이 개신교도들에게는 불쾌할지도 모른다. 이 기도문은 하나님이나 그리스도가 아닌 성모 마리아와 사도, 그리고 성자들에게 드리는 것이기 때문이다. 하지만 '성자의 교제' 안에서 뜻 깊은 대화인 것이 판가름 난다. 모든 기도문은 천천히 읽어야 한다. 생각과 기도에 대해 많은 양식을 제공하기 때문이다. 그 다음에 독백(하나님 앞에서 말을 하는 것)과 대화(하나님과의 대화)를 포함한 세 개의 묵상이 있다. 다시 한 번 말하지만 이들은 내용이 풍부하며 신학적 묵상과 철저한 자기반성의 훌륭한 예다.

오늘날 특별히 관심이 많은 부분은 안셀름이 그분의 고난과 죽음으로 하나님의 나라를 위하여 자녀들을 낳으신 그분의 역할로서의 예수님의 '모성애'라 불릴지도 모르는 것을 제시한 방식이다. 이 가르침은 그의 "성 바울을 위한 기도문"에서 나온다.

그가 그리스도를 어머니로 묘사하지만, 하나님을 어머니라고 말하지 않는다는 점을 주목하는 것이 중요하다.

그리고 예수님, 당신은 또한 어머니이지 않은가?
당신은 마치 암탉처럼 날개 아래 병아리를 품는 어머니 같지 않은가?
진정으로 주님, 당신은 어머니이시다.
일하고 낳은 사람들을 당신이 받아주시기 때문이다.
당신은 그들이 견딜 수 있는 해산보다, 그들보다 더 여러 번 죽으셨다.
당신의 죽음으로 이들이 태어났다.
당신이 해산하지 않았다면 죽음을 견딜 수 없었을 것이기 때문이다.
그리고 당신이 죽지 않았다면 낳을 수 없었을 것이다.
아들을 삶으로 낳고자 죽음을 맛보셨고,
죽음으로 그들을 낳으셨다.

《기도와 묵상》

5

《참된 기독교》
True Christianity
요한 아른트(1555-1621) 지음

독일의 루터교 목사인 아른트는 "내면적 개신교의 선지자"로 곧잘 묘사되어 왔다. 그의 대부분의 저서들은 영성에 관한 글이며, 가장 유명하고 유용한 책은 *The Four Books on True Christianity*(1605-1610)다.

17세기에서 20세기까지의 독자들이 느끼는 그의 글의 매력, 그리스도의 몸 안에서 신자와 그리스도의 신비적 연합과 믿음으로 의롭다 함을 받은 훌륭한 루터교 가르침에 대한 헌신에 중세 말 신앙의 통찰을 통합한 데 있다. 그는 이런 측면에서 루터의 진정한 계승자였다.

사실 아른트가 선행에 반대하기보다 오직 믿음으로 의롭다 함을 받는 것이 세상과 교회, 그리고 가정 내에서 실제로 선행을 하게 해 주며, 이를 불러일으키고 강화시킨다는 루터 본인의 비전을 실증한다고 전해진다. 따라서 다른 이유가 없다면 현대 개신교도들이 그의 글을 신중히 읽어 보아야 하는 확실한 이유가 여기에 있다.

네 권의 제목은 《성경에 관하여》, 《그리스도에 관하여》, 《양심에 관하여》, 그리고 《자연에 관하여》인데, 그 내용을 거의 적절하게 다루지 못한다. 첫 번째는 실제로 진심에서 우러나오고, 진정하며, 헌신된 기독교에 관한 책이다. "진정한 크리스천이 되고자 하는 사람은 다른 사람들이 그 안에 그리스도, 그의 사랑과 겸손, 그리고 은혜를 볼 수 있도록 노력해야 한다. 그리스도가 내주하시지 않으면 그 누구도 크리스천이 될 수 없기 때문이다."

제2권은 성령으로 영감을 받은 진정한 제자에 관한 내용이다. 이 책을 소개하면서 그는 다음과 같은 영감을 받은 말을 적었다.

우리는 우리 주 예수 그리스도의 낮아짐과 겸손함으로 인하여, 마치 우리의 사랑하는 아버지이신 하나님의 마음속으로 들어가는 진정한 천국 사다리를 타듯이 올라가며 그분의 사랑 안에서 안식을 취한다. 우리는 그리스도의 인성 안에서 그의 신성을 시작하고, 그 안에 들어서야 한다. 그곳, 즉 그리스도 안에서 하늘에 계신 우리 사랑하는 아버지의 마음속을 들여다보며, 하나님을 가장 고귀하고, 영원하며, 본질적이고, 무한한 선, 측량할 수 없는 능력, 헤아릴 수 없는 자비, 신비스러운 지혜, 가장 순수한 신성함, 확고하게 무한한 의, 달콤한 선량함, 가장 사랑이 넘치는 자비, 가장 자비로운 친절, 그리고 가장 친절하신 축복으로 묵상한다. 이러한 것들이 묵상 생활의 주요 측면이다.

제3권은 기독교 성숙에서 성장하는 이들을 위한 책인 반면에, 제4권은 하나님의 피조물을 하나님 자신을 사랑하고, 예배하며 섬기는 수단으로 사용하는 것에 관한 내용이다.

네 권 전부에 대한 완전한 영문 번역본은 구하기가 어렵다. 하지만 네 권 중에 가장 중요한 제1권의 번역본은 여러 가지 나와 있다. 그 중에서도 가장 훌륭한 번역본은 피터 어브의 역서(1979)다. 기독교 신비주의가 개신교의 성경 접근에 어떻게 들어맞고, 사랑으로 하는 섬김의 삶이 믿음에 의한 의의 선물로부터 어떻게 흘러나오는지를 알고 싶어하는 사람들에게는 이 책이 연구 대상이다. 그러나 루터의 책을 읽은 다음에 읽을 것을 권장한다(p. 151의 《크리스천의 자유》 참조).

6

《성 안토니의 생애》
Life of Antony

성 아타나시우스(296-373) 지음

328년에 이집트에서 알렉산드리아의 대주교가 된 성 아타나시우스는 "예수님은 사람이 되신 하나님이며, 영원한 말씀이 육신을 입고 오셨다"라는 성경적이며, 정설인 진리를 옹호하기 위하여 용감하게 싸운 사람으로 똑똑히 기억된다. 따라서 그의 짧지만 강력한 성육신에 관한 논문은 기독교 전통 교리에 대단히 중요하다.

진정한 목사이자 교사인 아타나시우스는 사람들이 올바르게 믿을 뿐만 아니라 올바르게 행동하는 데도 가장 관심이 많았다. 거룩함에 대해 관심이 많았던 아타나시우스는 356년에 안토니가 사망한 직후에 안토니의 생애를 집필했다. 그가 급히 집필했는데도 이 책은 기독교 역사상 가장 영향력 있는 책 중의 하나가 되었다. 이 책은 수도원 운동(monastic movement)을 불러일으켰을 뿐만 아니라, 성직자나 평신도나 금욕주의적 삶에 헌신하도록 영감을 주기도 했다. 이 책을 통해 성 안토니는 본받아야 할 수사뿐만 아니라 절제된 금욕주의적 삶의 이상적인 패턴을 제공한 크리스천으로도 여겨졌다.

안토니는 기독교 집안에서 자라났지만, 예수께서 부자 청년에게 하신 말씀(마 19:21)을 들은 뒤 하나님과 더 깊은 교제를 나누고, 예수님의 제자로서 살아야 할 소명을 느꼈다. 그는 자신의 소유물을 전부 나누어 주고 믿음으로 살며, 쉬지 말고 기도할 것을 추구하면서 그의 생애의 새 단원을 시작했다. 이는 세상과 육신, 그리고 마귀의 유혹에 저항하는 것을 의미했다. 아타나시우스의 이야기의 일부는 사탄의 유혹과 이에 따르는 영적 전쟁을 묘사한다. 안토니는 그리스도를 통하여 "내가 약할 그때에 곧 강함이니라"라는 신념을 고수했다.

결국 안토니는 피스피르 산 위에 있는 텅 빈 요새에서 은둔 생활을 추구했다. 그러나 그는 혼자 사는 사람이 아니었다. 많은 사람이 상담, 기도, 치유, 악령 추방, 그리고 가르침을 받으려고 그를 찾아왔다. 아타나시우스는 그의 책을 읽는 독자들과 이러한 이야기와 안토니의 가르침을 나눈다. 또한 사탄의 강력한 공격도 묘사한다. 예를 들어 제52장에 다음과 같은 글이 있다.

    그러다 사탄은 안토니를 주의 깊게 살펴보고(마치 다윗이 시편 35편 16절, 37편 12절에서 노래하듯이) 그를 향하여 이를 갈았다. 하지만 안토니는 사탄의 속임수와 여러 가지 계략에 영향을 받지 않고 구세주의 위안을 받았다. 사탄은 그가 잠들지 않은 채 누워 있는 밤중에 야수들과 그 광야에 있는 거의 모든 하이에나를 보냈다. 그들은 굴에서 나와 그를 에워쌌고, 그는 한가운데서 포위되었다. 하지만 각 짐승이 입을 벌려 물려고 위협하자 마귀의 방법을 잘 알고 있던 안토니는 모두에게 이렇게 말했다. "너희가 나를 지배할 권한을 받았다면 나는 기꺼이 먹히겠다. 그러나 너희를 마귀가 보냈다면 빨리 도망치거라. 나는 그리스도의 종이기 때문이다."
    안토니가 이런 말을 했을 때 이들은 마치 채찍을 맞아 쫓겨 가듯이 도망쳤다.

그는 이집트에 보내진 하나님의 의사였으며, 주님과 함께할 것을 기대하면서 105세의 무르익은 나이에 세상을 떠났다.

7

《고백록》
The Confessions
히포의 어거스틴(354-430) 지음

《고백록》은 10권의 자서전에 포함되어 있다. 이 책은 어거스틴의 생애를 어린 시절부터 387년에 그리스도께 귀의한 때까지 다룬다. 이 책은 기독교 교회의 신학자 중 가장 위대한 사람 중의 하나에 의해 집필되었을 뿐만 아니라, 인간의 삶 속에서 하나님의 역사에 대한 의미심장한 통찰이기 때문이다. 이 책은 수천 가지 판으로 출간되었으며, 가늠해 보건대 크리스천이 집필한 가장 위대한 책의 하나일 뿐만 아니라 세계적인 문학서 중의 하나이기도 하다.

그가 세례를 받은 지 최소한 10년 뒤에 친구들의 요청으로 집필된 이 책은, 자서전일 뿐만 아니라 하나님께서 그를 대하신 방식과 신성한 은혜, 섭리, 그리고 인도에 대한 그의 반응에 관한 어거스틴의 성숙한 묵상을 대표한다. 그 형식은 이제 그의 구속자이자 축성자이신 하나님과 대화하며 과거의 생활을 되돌아보면서 하나님과 대화하는 형식이다. 따라서 이 책은 주님께 하는 이런 말로 시작된다.

"주님은 당신을 찬양하는 것을 낙으로 삼으라고 촉구한다. 자신을 위하여 우리를 만드셨고, 우리 마음은 당신 안에서 안식을 찾을 때까지 불안하기 때문이다."

이야기는 그가 태어난 북아프리카에서 시작되며, 그는 그곳에서 받은 교육에 대하여 들려준다. 이어서 타가스테(Thagaste)와 카르타고(Carthage)에서 배운 수사학을 가르친다. 그가 바다를 건너서 이탈리아로 가면서 처음에는 로마, 그리고 나중에는 밀라노에서 이 이야기가 계속된다. 그동안 줄곧 그는 진리, 하나님, 미, 의미, 그리고 목적을 찾고 있었다. 밀라노에서 그는 위대한 주교인 암브로스(Ambrose)를 만나며, 그의 기독교에 관한 가르침과 설교에 깊은 인상을 받는다.

그러다 그의 크리스천 어머니인 모니카가 그의 곁에 있기 위하여 북아프리카에서 도착한다. 곧 어느 날 어거스틴은 정원에서 어떤 목소리가 "그 책을 들어서 읽어 보아라" 하고 말하는 것을 들음으로써, 그녀의 아들을 위한 기도는 응답을 받는다. 그는 바울이 로마 교회에 보낸 서신을 읽고 있었다. 그래서 성경책을 들자 로마서 13장 13-14절이 눈에 들어왔다. "……오직 주 예수 그리스도로 옷 입고……." 그리스도가 그를 발견했고, 그도 그리스도를 발견했다. 그 후에 그는 세례를 받았고, 크리스천 생활을 시작했다. 이 소식을 듣고 그의 어머니는 매우 기뻐했지만 곧 세상을 떠났다. 자서전의 해설 부분은 그의 어머니 모니카를 위한 기도문으로 끝난다.

그의 자서전적 묵상은 제1권부터 제9권까지 들어 있다. 제10권에서 우리는 일련의 성숙한 묵상을 보게 된다. 다음은 27번째 묵상이다.

(오 하나님!) 뒤늦게야 오래되었지만 새로운 아름다움인 당신을 알게 되었습니다. 뒤늦게 당신을 사랑했습니다. 그런데 제가 밖에 있는 동안 당신은 제 안에 계셨습니다. 저는 밖에서 당신을 찾고 있었습니다. 비록 제가 불구였지만 당신의 창조하신 아름다움에 달려들었습니다. 당신은 저와 함께 계셨지만 저는 당신과 함께하지 않았습니다. 그들이 당신 안에 없었더라면 존재하지 않았을 아름다

《고백록》 35

움은 저를 당신으로부터 멀리 있게 했습니다. 당신은 외치시고, 큰 소리로 불러서 저의 먹은 귀를 들리게 하셨습니다. 당신은 번쩍이며 나타나셔서 저의 무지함을 깨뜨리셨습니다. 당신은 향기를 불어넣으시고 저는 숨을 들이마셨고, 당신을 갈망하게 되었습니다. 저는 맛보았고, 굶주렸으며, 목이 탔습니다. 당신이 저를 어루만지셨고 저는 당신의 평안을 열망했습니다.

하나님은 진정으로 어거스틴에게 빛과 생명, 그리고 아름다움이다.

8

《삼위일체론》
On the Trinity
히포의 어거스틴(354-430) 지음

어거스틴은 《고백록》에서, 영혼이 하나님께 올라가는 것과 그분의 부르심에 겸손하게 반응하여 그분과의 교제에 들어설 수 있도록 어떻게 하나님께서 자비롭게 우리를 위하여 오셨는지에 대하여 할 말이 많았다. 삼위일체를 요약하려는 학자들의 시도처럼 읽기가 어렵지 않다. 이 책을 읽으면, 신학이 어떻게 신앙심 깊은 묵상이며 거룩한 생각이고, 하나님께서 그분의 자아 계시로 행하시고 하신 말씀에 대한 진심어린 관심일 수 있는지를 보여 준다.

삼위일체론의 첫 일곱 권에서 어거스틴은 성경 말씀으로 하나님께서 자신을 삼위일체, 즉 성부, 성자와 성령인 하나의 신으로 나타내신 점을 확증하려 했다. 그러고 나서 다음 여덟 권에서 그가 믿는 것을 이해하려 하고, 어떻게 인간 영혼이 믿는 이 삼위일체 하나님을 진정으로 묵상할 수 있는지를 보여 준다. 그리고 이 신성한 상승의 후반은 하나님에 대한 영혼의 상승에 관한 내용이다. 그 자체로 이 책은 '마음이 그 자신을 알고, 사랑할 때' 정신과 사랑, 그리고 지식을 반영한다.

어거스틴은 불신자들이 먼저 거룩한 삼위일체를 이해해야 한다는 것을 물은 다음에 믿으라고 요청하지 않는다. 이들은 "최고의 삼위일체인 하나님에 관하여 성경 구절이 포함하고 있는 것을 믿음으로" 시작한 다음 "기도와 질문과 올바른 삶으로 계속 신앙 생활을 하도록 해야 한다." 히포의 주교는 자신에 관한 한 마지막 책에서 이렇게 고백한다. "나는 감히 최고의 삼위일체의 입에 올리기에도 황송한 위대함에 족한 말을 했다고 주장하지 않는다." 따라서 그는 이 책을 찬미와 기원의 기도문의 형태로 다음과 같이 마무리 짓는다.

······나는 주님을 찾았고, 나의 이해력으로 믿는 바를 이해하고자 했습니다. 그래서 많이 논쟁하고 고민했습니다. 오, 주여! 나의 하나님. 피곤함 때문에 내가 당신을 찾을 의향을 상실하지 않도록 경청하소서. "그 얼굴을 항상 구할지어다"(시 105:4). 당신은 내가 당신을 찾도록 만들고, 당신을 점점 더 발견해 가는 소망을 준 사람에게 당신을 찾는 힘을 줍니다. 나의 강점과 결점이 주님의 눈앞에 보이며, 하나를 보존하고 또 하나를 치유합니다. 나의 지식과 무지함이 주님의 눈앞에 보입니다. 당신이 나에게 열린 곳에 내가 들어갈 때 받아 주시고, 당신이 닫은 곳에 내가 문을 두드리면 열어 주소서. 내가 당신을 기억하고, 이해하며, 사랑하게 하소서. 주님께서 나를 완전히 부활시킬 때까지 이러한 것들을 내 마음속에서 늘리소서.······

오, 주님! 하나님! 삼위일체이신 하나님! 이 책들에서 내가 당신에 관해 한 말이 당신이 누구신지를 인정하도록 하소서. 나 자신의 견해가 무엇이라도 있다면 당신과 당신의 자녀들에 의해 용서받게 해 주소서. 아멘.

이 책은 삼위일체 주일과 삼위일체 절기에 읽기에 더할 나위 없이 좋다.

9

《거룩한 지혜》
Holy Wisdom
어거스틴 베이커(1575-1641) 지음

웨일즈의 애버게이브니에서 태어난 어거스틴 베이커는 변호사로 교육을 받았다. 그는 로마 가톨릭 교회로 개종한 다음 성 베네딕트 수사가 되었다. 그는 영국의 성 베네딕트 교회를 회복하는 것을 도왔을 뿐만 아니라 캉브레에서 영국의 성 베네딕트 수녀들에게 영성을 지도하는 신부로서 9년을 봉직하기도 했다. 그는 바로 여기서 기도에 관한 수많은 짧은 논문을 집필했다.

이 논문들은 세레누스 크레시에 의해 집대성되어서 베이커가 죽은 뒤 《소피아 성당》(*Sancta Sophia*, 1657)이라는 제목으로 출간되었다. 1890년 이래 판에서는 그 제목이 《거룩한 지혜》(*Holy Wisdom*)였다. 이 책은 특히 묵상 기도에 끌리는 가톨릭 교인들에게 인기 작품이었으며, 지금도 인기가 있다. 이 책의 특별한 장점은 기도에 대한 다른 형태의 면밀하고 소중한 설명이다. 즉 이 책에서 묵상 생활을 하나님께 올바른 시간과 섬김의 용도라는 이론정연한 정당성, '개인적 영감'(성령의 내적 자극)이라 불리는 것의 변호, 그리고 의지의 행위를 하나님과의 교제를 위한 준비로 만드는 묘사 등이 여기에 속한다. 이 책의 문체가 우리 시대에서 보기에는 무겁지만 그 내용은 자극적이다.

베이커는 피정을 떠나는 크리스천들에게 묵상 기도의 방법을 가르쳐 줄 것이 많다. 그는 신성한 남녀가 했던 기도 방법과 그분과 합일되는 체험을 통하여 하나님을 알기 위해, 그리고 하나님의 사랑 안에서 성숙해지기 위한 갈망과 결심을 가지고 이 방법을 어떻게 따르는지를 명쾌하게 설명한다. 이 이론정연하고 논리적인 책에서 훌륭한 인용구를 찾는 것은 쉽지 않다. 마지막 단원에서 그가 기도의 완성 상태에 도달하는 것에 관해 한 말은 다음과 같다.

완전한 사람(믿음의 절대적인 모호함 속에서 묵상하는 하나님만 홀로 그들 안에 내주하시도록 자신을 외면하고, 잊어버렸으며, 상실한 사람)의 영혼 속에 있는 성령의 절대적인 지배와 내주의 이유로, 따라서 어떤 신비적인 작가가 이 완벽한 연합을 무(無)와 무의 연합, 즉 영혼의 연합이라 부른다. 이는 물질적으로 아무 데도 없으며, 그 안에 피조물에 대한 형상이나 애정도 없다. 그렇다. 모든 기능을 초월하는 영혼의 일부에 의해 작용하고, 성령의 실제 교제에 따라 자기 기능을 자유롭게 처분하지 못하는 피조물, 그리고 모든 개념과 걱정을 없애고 하나님을 이해한다. 따라서 물질적으로나 두드러지게 어디에도 없는 영혼은 영적으로 어디에나 있고, 이 무한한 무인 하나님과 즉시 연합한다. 이제 마음은 정신 속에서 너무나 의기양양해서 그것이 모두 영혼처럼 보이고, 말하자면 육신으로부터 분리된 것처럼 보인다. 여기서 그것은 과연 존재하지 않는 것과 이에 따른 피조물이 존재하지 않는 것을 느끼게 된다.

이 내용은 복잡하게 들리지만 설명할 수 없는 것—하나님과 영혼의 연합—을 설명하고자 하는 시도다.

《거룩한 지혜》의 최고의 판은, 1972년에 출간된 돔 제라드 시트웰(Dom Gerard Sitwell)이 편집한 책이다.

10

《긴 규칙서》
The Long Rules
대 바실(330-379) 지음

바실은 그리스 정교회에서 존경받는 이름 중에 하나다. 그래서 '대' 바실이다. 그는 교리(그의《성령론》을 참조하라)와 예배의식(지금도 사용되는 성 바실의 예배의식이 있다)에 기여한 것과 동방 및 서방에 수도원 제도를 체계화한 것으로 기억된다. 그의 인격은 설득력 있고 해박했으며, 정치가다웠고 거룩한 사람으로 알려졌다. 그는 358년에 신 체사레아 인근의 아이리스 강변에서 은자의 생활을 하기 위해 세상의 유혹을 떠났다.

그곳에서 그는 '신학자'라고도 불린 그의 친구 나지안젠의 그레고리오(Gregory of Nazianzen)와 함께 생활했다. 이들은 내적으로 교화된 교리에 기초를 둔 수도원을 설립하였다. 결국 그 수도원은 가난하고 병든 사람들을 위한 병원과 숙박소로 에워싸였다. 거기서 바실은 정교회의 변호인으로 부름을 받고 체사레아의 주교직으로 임명되기 전에 수도 생활의 특징에 관한 안내서인《긴 규칙서》를 집필했다. 이 책은 동방에서 수도 생활의 조직화를 위한 신약성경에 뒤따르는 기초 본문이 되었고, 이 규칙은 누르시아의 베네딕트에게《수도원을 위한 규칙》(Rule for Monasteries, p. 47의《수도원을 위한 규칙》참조)을 집필하도록 영감을 주었다.

《긴 규칙서》는 55가지 질문에 대한 답변과 제자들이 바실에게 쓴 서문을 포함하고 있다. 어떤 특정한 순서로 되어 있지 않은 듯하며 어떤 내용은 되풀이되기도 한다. 그러나 거의 모든 답변에서 어떤 가치 있는 통찰 또는 개인적이거나 공동체적 거룩성에 관한 가르침이 있다. 이 책은 본래 수사들을 겨냥하고 있지만, 바실이 하고자 하는 말은 모든 크리스천에게도 직접적인 연관성이 있다. 예를 들어 하나님을 사랑하는 것과 하나님의 사랑 안에서 이웃을 사랑하는 것, 기독교 목표로서 그리스도를 닮아 가는 것, 그리고 일과 기도의 관계 등이다.

일곱 번째 답변은 은자(隱者, 고립된) 생활을 능가하는 공동생활의 우월성을 다룬다. 그는 후자가 전자보다 우월한 점을 열거함으로 이를 설명한다.

자신의 겸손을 비교할 대상이 없다면 무엇을 가지고 사람이 겸손을 보일 것인가? 그가 많은 사람과의 교제가 단절되었다면 무엇을 가지고 동정을 보여 줄 것인가? 그의 바람을 저항할 사람이 없다면 인내심을 어떻게 실천할 수 있는가? 만약 어떤 남자가 성경 구절의 가르침이 자신의 인격을 고치는 데 충분하다는 것을 발견한다면, 자신을 마치 건축 이론을 배웠는데 그 기술을 결코 실천하지 않는 사람으로 만들거나, 금속을 만드는 이론을 배웠는데 그 가르침을 실천하려 하지 않는 사람으로 만든다. 왜냐하면 사람에 대한 그분의 사랑이 굉장했기에 주 예수님께서 말씀을 가르치는 것만으로 만족하시지 않고 사랑의 완성 안에서 겸손의 패턴을 정확하고 명백하게 보여 주기 위하여 허리띠를 둘러매고 직접 제자들의 발을 씻기신 것을 보라. 당신은 누구의 발을 씻길 것인가? 누구를 보살필 것인가? 홀로 산다면 당신이 누구 다음으로 나중 된 사람이 될 것인가?

《긴 규칙서》는 《바실의 고행집》(*Ascetical Works of Basil*)에서 찾아볼 수 있다.

11

《성도의 영원한 안식》
The Saints' Everlasting Rest
리처드 백스터(1615-1691) 지음

백스터는 아마 모든 17세기 청교도 및 비국교 목사 및 저자 중 가장 널리 알려졌을 것이다. 그는 키더민스터에서 가장 풍요로운 사역을 누렸고(1641-1660), 군주제의 회복기에 히어퍼드의 주교직을 거부한 뒤 비국교도와 비국교의 정력적이며 누구도 얕잡아볼 수 없는 옹호자가 되었다. 그는 수많은 저서를 집필했다《참된 목자》(*The Reformed Pastor*)와 《회개의 참된 의미》(*An Alarm to the Unconverted*) 등, 그리고 몇몇 찬송가('Ye holy angels bright...' 등)]. 《백스터 유고집》(*Reliquiae Baxterianae*, 1696)라는 제목이 붙은 그의 자서전은 흥미진진한 읽을거리다.

《성도의 영원한 안식》(1650)은 경건서의 고전이라 흔히 불러 왔다. 이 책은 장편이지만 흔히 단편 형태로 나오기도 했다. '안식' (rest)은 히브리서 4장 9절 "그런즉 안식할 때가 하나님의 백성에게 남아 있도다"에 나오는 단어다. 즉 높으신 주 예수 그리스도가 중앙에 앉아 계신 천국이다. 백스터는 이 천상의 안식처를 대단한 설득력과 열정으로 묘사한다. 성경 해설은 철저하고 감동적이다.

이 책의 마지막 부분은 그 자체가 책 한 권이다. 이 부분은 성경을 묵상하고, 특히 천국에 있는 영광의 그리스도를 묵상하는 방법에 관한 내용을 담고 있다. 청교도들은 묵상을 그 밖의 모든 은총의 수단을 효율적으로 만드는 은총의 수단으로 보았다. 이들은 천국을 묵상하는 것(진정으로 천국을 마음속에 그리는 것)을 묵상의 최상의 형태로 보았다. 백스터는 이러한 교리에 대한 아주 명백한 해설자다. 그리고 그에게는 진정으로 천국을 마음속에 그리는 것만이 이 지상에서 진정으로 쓸모 있는 존재가 되는 길이라고 생각했다!

그의 묵상 스타일의 한 예는 다음과 같다.

'안식!' 이 얼마나 달콤한 소리인가! 그 소리는 나의 귀에 아름다운 음악이다. 그것은 소생시키는 흥분제로서 나의 마음속에 있다. 그곳으로부터 나의 영혼의 모든 맥박을 통해 뛰는 활기가 넘치는 기운을 풍긴다. 돌이 땅 위에 안식하거나 육신이 무덤에 안식해야 하거나 세속적인 세상이 갈망하는 그런 안식이 아닌 안식. 오, 축복받은 안식이여, "그들이 밤낮 쉬지 않고 이르기를 거룩하다 거룩하다 거룩하다 주 하나님 곧 전능하신 이여"(계 4:8). 우리가 죄로부터 안식하지만 예배로부터 안식하지 않을 때, 고난과 슬픔으로부터 쉬지만 기쁨으로부터 쉬지 않을 때! 오 축복받은 날이여, 내가 하나님과 안식할 때! 내 주님의 품안에서 안식을 할 때! 알고, 사랑하며, 기뻐하고, 찬양하며 안식할 때! 나의 완전한 영혼과 육신이 함께 가장 완전하신 하나님을 완벽하게 즐길 때! 사랑이신 하나님께서 나를 완전하게 사랑하시고, 그분의 나에 대한 사랑에 안식하고, 나의 그분에 대한 사랑에 그분도 안식하시며, 또한 그분은 환희로 나를 기뻐하시고, 내가 그분 안에 기뻐하는 가운데 그분은 노래를 부르면서 나를 기뻐할 때!

어쩌면 현대 여성이 천국을 고대하는 것과 천국을 품는 마음을 개발하는 것-《리처드 백스터의 실제적 작품》(*The Practical Works of*

Richard Baxter)으로 흔히 출판됨—에 대해 할 말이 거의 없는 시대에 이 책은 우리에게 주는 메시지가 있다[《성도의 영원한 안식》에 영감을 받은 나의 《천국에 대한 갈망》(*Longing for Heaven*: Macmillan, New York, 1989]도 참조하라)].

12

《수도원을 위한 규칙》
Rule for Monasteries

누르시아의 베네딕트(c.480-550) 지음

베네딕트에 대해 알려진 바는 거의 없다. 그는 투스카니에 있는 누르시아 출신이다. 그는 당시의 퇴폐적인 문화에 염증을 느끼고 하나님과 함께하고 그분 안에서의 삶을 찾기 위하여 여행을 시작했다. 그는 결국 로마와 나폴리 중간에 있는 카시노 산에 정착하여 수도원을 설립했다. 여기서 그는 기존의 자료를 다방면에 걸쳐 활용하여 그가 '서방 수도 생활의 창설자'로 유명하게 된 규칙을 만들었다.

6세기 이래로 수천 명의 삶이 이 규칙에 의해 영적으로 형성되어 왔으며, 오늘날도 계속해서 수많은 공동체의 생활을 위한 안내서가 되고 있다. 이 책은 실제적인 문서의 모습을 띠고 있다. 왜냐하면 이것은 그저 영적 가르침이나 개인 구호가 아니기 때문이다. 이 책은 또한 그리스도 중심적인 사회를 위한 체계며, 따라서 인간 본성의 능력과 약점에 대하여 현실적이다. 심지어 그것이 기독교적이고 성화되었더라도 말이다!

모든 것의 중심에는 진정으로 '하나님께서 행하신 일', 즉 공동체에 의한 하나님께 대한 예배, 그분이 진정으로 사랑받을 만하기 때문에 그분 자신을 위하여 하나님을 사랑하는 것이 있다.

우리는 하나님께서 어디든지 임재하시며, 주님의 눈은 어디서든지 악인과 선인을 감찰하신다(잠 15:3)는 것을 믿는다. 그러나 무엇보다도 우리가 하나님께서 행하신 일과 관여할 때 이것을 아무런 의심 없이 믿어야 한다. 따라서 우리는 선지자의 말을 늘 마음에 두어야 한다. "여호와를 경외함으로 섬기고 떨며"(시 2:11), 그리고 또 "지혜의 시로 찬양할지어다"(시 46:8). 또한 다시 한 번 "신들 앞에서 주께 찬양하리이다"(시 138:1). 따라서 우리는 신령한 하나님과 그분의 천사들 앞에서 우리가 바르게 행동하는 법을 심사숙고해야 한다. 그리고 우리 시편을 노래하면서 우리 마음이 우리 음성과 반드시 조화를 이루도록 하자.

마지막 문장은 가장 중요한 기독교 진리를 담고 있다. 즉 예배는 우리 주 하나님 앞에 전 인격을 관여시킨다는 것이다.
이 책의 마지막 단원은 수사들이 서로를 대할 때 가져야 하는 태도를 다룬다. 그리고 이것은 교인들에게 똑같이 해당된다!

이들은 가장 큰 인내심을 가지고 그것이 육신적이든 윤리적이든 서로의 약함을 인정해야 한다. 이들은 순종을 실천하는 데 서로 앞서야 한다. 아무도 자신에게 유리하다고 생각하는 것을 추구해서는 안 되며, 다른 사람에게 최선인 것처럼 보이는 것을 추구해야 한다. 이들은 형제애에서 비롯된 자애로움과 순애를 가지고 일해야 한다. 이들은 하나님을 두려워해야 한다. 이들은 대수도원장을 진심 어리고 겸손한 자애로 사랑해야 한다. 그들은 그리스도에게 어떤 것도 요구해서는 안 된다.

이 규칙은 다음 기도로 끝을 맺는다.
"하나님께서 우리 모두를 영원한 생명으로 인도하소서."

13

《하나님을 사랑하는 것에 관하여》
On Loving God

클레르보의 버나드(1090-1153) 지음

버나드는 모든 수사 중에 홀로 기도하고 싶어한 첫 수사였다. 그의 생애 전체가 하나님을 사랑하고자 하는 갈망으로 뒤덮여 있었기 때문이다. 그는 시토(Citeaux)에 있는 수도원에 들어갔고 3년 뒤에는 클레르보에 수도원을 설립했다. 그곳은 그의 지도 아래 시토파 수도회의 핵심 중심지 중의 하나가 되었다. 버나드는 유럽 전역에서 제자들을 끌어들였으며, 지도자와 상담자로 인기가 많았다. 그의 따뜻한 성실, 금욕주의적 삶, 사람의 이목을 끄는 훌륭한 웅변술은 그의 수도회에 수백 명의 회원들을 끌어들였다. 그는 하나님의 사랑과 하나님의 사람에 대한 사랑, 그리고 사람의 하나님에 대한 사랑을 설교하고 집필했다. 그래서 교회사상 신비적 기도의 가장 위대한 대표자 중 하나가 되었다(p. 51의 《아가서 설교집》 참조).

그의 사랑에 대한 가르침의 핵심은 짧은 논문 "*On Loving God*"에서 찾아볼 수 있다. 이 글은 샤르트뢰즈의 모(母)수도원 수사에게 보내는 서신에다 이미 표현된 사상을 발전시켰다. 그는, 사랑은 사랑의 삼위일체이신 하나님 자신 안에서 시작된다고 가르쳤다. 그 사랑은 우리와 우리의 구원을 위하여 인간이 되신 영원한 아들 안에서 나타난다. 하나님의 형상대로 만들어진 인간은 하나님의 은혜로운 도우심으로 사랑할 수 있는 능력을 가진다. 그는 이 하나님과 이웃에 대한 사랑을 글로 썼다.

그는 사랑하는 방법을 배우는 것에 관한 그의 가르침을, 성장하는 아이로 비유했다. 그 중에는 무엇보다도 먼저 언뜻 보기에 자신만 생각하는 유아적 자기애가 있다. 그 다음으로 이들의 보살핌과 좋은 것들을 베푸는 것으로 인하여 가장 가까운 사람에게 베푸는 사랑이 있다. 세 번째로 타인을 있는 그대로 사랑하는 것이 있다. 그리고 마지막으로 타인의 사랑을 받아서 자신을 사랑하는 것이 있다.

버나드는 이 모델을 하나님을 사랑하는 과정의 영혼의 성장에 적용했다. 그는 각 단계를 대단히 중요하다고 보았다.

처음에 사람은 자신을 위하여 자기를 사랑한다. 그는 육신이고 자신만 알 수 있다. 그러나 자기가 홀로 살아갈 수 없다는 것을 깨달으면 자신에게 필요한 대로 믿음으로 하나님을 찾고 사랑하기 시작한다. 그래서 이 두 번째 단계에서는 하나님을 위해서가 아니라 자신을 위해서 하나님을 사랑한다. 그렇지만 주님이 실제로 얼마나 달콤한지 맛보고 나면 세 번째 단계로 넘어간다. 여기서 그는 자신이 아닌 하나님을 위하여 하나님을 사랑한다. 그리고 그 단계에서 머물게 된다. 네 번째 단계는 어떤 인간도 이생에서 완전히 도달한 적이 없다고 본다. 그 단계에서는 하나님만을 위하여 자신을 사랑하게 된다.

이는 간단하지만 뜻 깊은 분석이다. 이 내용은 이 책《하나님을 사랑하는 것에 관하여》를 공부한 뒤 읽힐 것을 기다리고 있는《아가서 설교집》에서 아름다운 방식으로 심도 있게 다루어진다.

14

《아가서 설교집》
Sermons on the Song of Songs
클레르보의 버나드(1090-1153) 지음

구약성경에 나오는 아가서는, 결혼을 통해 이상적인 인간 사랑의 영감을 받은 묘사 또는 주 하나님께서 그의 언약 백성을 위한 상호 사랑의 절묘한 묘사로 읽을 수 있다. 현재보다 적어도 1,800년 이전의 기독교 가르침에서, 아가서는 그리스도와 교회 또는 그리스도와 교회의 각 구성원 사이의 사랑의 연합으로 해석되어 왔다. 성 버나드는 이 노래를 감동적이고 아름답게 해석한 최상의 해설자 중의 하나다. 신랑인 그리스도가 신부인 교회에 대해 가지신 사랑뿐만 아니라, 사랑과 묵상 기도 안에서의 영적 연합으로 이어지는 신부와 신랑의 사랑에 관한 그의 가르침은, 클레르보 수도원의 수사들에게 그가 원래 설교했던 86편의 설교에 나와 있다.

거의 모든 설교문에 반복해서 읽어 볼 만한 부분이 있다. 다음은 20번째 설교문의 일부다.

오 크리스천이여, 그리스도의 본에서 그리스도를 사랑해야 하는 방식을 배워라. 그분을 친절하게, 지혜롭게, 그리고 힘껏 사랑하는 방법을 배워라. 유혹을 받아 그분에게서 멀어지지 않도록 친절하게, 속임을 받아 멀어지지 않도록 지혜롭게, 그리고 강제로 그분에게서 분리되지 않도록 힘껏 사랑하라. 세상적인 영광이나 육체적인 쾌락이 당신을 그분에게서 멀어지지 않게 하기 위하여 무엇보다도 지혜로우신 그리스도 안에서 즐거워하라. 또한 거짓과 잘못된 생각의 영혼에 유혹되어 길을 잃지 않도록 진리이신 그리스도가 당신을 내적으로 교화시키도록 하라. 역경에 압도되지 않도록 하나님의 힘이신 그리스도가 당신을 강하게 하라. 자선이 당신의 열정을 타오르게 만들도록 하며, 지혜가 그 열정을 지배하고 인도하도록 하고, 불변성이 그것을 영속적으로 만들도록 하라. 그 사랑이 미적지근하지 않도록 하고, 소심하지 않도록 하며, 또한 그것을 경솔히 대하지도 말라.

설교서의 주제 중의 하나는, 그리스도를 사랑하는 것에 대한 묵상적인 측면과 능동적인 측면의 관계다. 그리스도와 진정한 신비적 연합을 이루면 둘 다 충족된다. "모든 것을 버리고, 말씀에 의해 열매를 맺으며, 말씀에 따라 자신을 지배하고, 말씀을 위해서만 살며, 모든 생각과 갈망으로 하나님께 매달리는—사도 바울과 같이 '이는 내게 사는 것이 그리스도니 죽는 것도 유익함이니라'라고 말할 수 있는—영혼을 보면 이 영혼이 말씀과 결혼한 신부라는 확신을 가질 수 있다." 이 신비적 연합을 통해 영적 모성애가 생겨난다. 이는 두 가지 측면을 가지고 있다. 지속적인 묵상 기도와 설교를 통하여 개종자들을 만들어 내게 하는 것이다. 여기서 묵상적인 측면과 능동적인 측면이 연합한다. 85번 설교는 신랑과 신부의 사랑을 통한 기쁨의 감동적인 묘사로 끝을 맺는다.

15

《로버트 머레이 맥체인 회고록》
Memoir of Robert Murray McCheyne
앤드루 보나르(1810-1892) 지음

앤드루와 그의 형제 존, 호라티우스(찬송가 작시자)는 스코틀랜드의 유명한 3대 성직자다. 이들은 모두 맥체인과 친했지만 1862년에 처음 출간된 그의 회고록을 집필한 사람은 앤드루였다.

맥체인은 1813년부터 1843년까지 30년밖에 살지 못했다. 에든버러대학에서 훌륭한 성적으로 졸업한 뒤 1836년에 던디에 있는 성 베드로 교회를 담당하는 목사로 임명을 받았다. 이곳에서 그는 매일 아침마다 묵상과 기도, 공부, 그리고 남은 시간 동안 교구 방문과 모임에 전적으로 몰두했다. 그는 아주 짧은 시간 동안 스코틀랜드의 교회와 교구에 엄청난 영향력을 행사했다. 그는 자신의 교구뿐만 아니라 다른 교구 사람들의 구원과 보살핌을 위하여 대단한 열정을 가지고 하나님과 동행한 목사로 유명하다. 사람들은 그처럼 명백한 시적 재능과 학술적 재능을 가진 사람이 교구 목사로 그렇게 헌신할 수 있다는 것을 놀라워했다.

어쩌면 그는 죽은 뒤에 더 큰 영향력을 행사했는지도 모른다. 《로버트 머레이 맥체인 회고록》은 스코틀랜드뿐만 아니라 다른 나라에서도 널리 읽혔고 그 진가를 인정받았기 때문이다. 보나르가 그의 절친한 친구였기에 그는 맥체인의 개인 일기와 기록을 손에 넣을 수 있었고, 그 내용을 이 책에 광범위하게 사용할 수 있었다. 주 예수에 대한 이들의 헌신을 더욱 깊게 한 이 책의 영적 영향력에 대해 특히 목사와 복음 전도사들의 간증이 쏟아졌다. 19세기 중반의 문체가 오늘날의 어떤 이들에게는 혐오감을 줄지도 모르지만, 이 책을 신중하게 읽는 독자는 교구를 섬기면서 자신의 전부를 주님께 바친 이 재능이 많았던 젊은 남자의 이야기에 반드시 영감을 받을 것이다.

다음은 보나르가 발견한, 맥체인이 자신을 위해 쓴 글의 발췌문이다.

> 나는 그리스도의 보혈로 깨끗게 씻김을 받은 양심을 유지하고, 항시 성령으로 충만하며, 이생에서 구속된 죄인에게 가능한 정신과 의지, 그리고 마음으로 그리스도와 가장 닮음으로 현재 가장 큰 기쁨을 얻고, 하나님의 영광과 인류의 유익을 위하여 최선을 다하며, 내세에서 가장 큰 상을 받을 것을 확신한다. 나는 확신한다. 어떤 순간이나 상황에 외부에서 어떤 사람이나 나 자신의 마음속에서 이 진리를 부정한다면 그것은 하나님의 원수, 나의 영혼과 모든 선한 것의 적, 그리고 모든 피조물 중에 가장 어리석고 사악하며 비참한 사탄의 음성이라는 것을 확신한다.

보나르는 "맥체인을 통하여 우리는 한 사람이 하나님 앞으로 더 가까이 다가가기 위하여 얼마나 노력하고, 측량할 수 없는 그리스도의 풍요함을 더 능숙하게 다루며, 하나님을 위하여 더 담대하게 선포할 수 있는지를 배웠다."라고 논평했다.

16

《하나님께로 가는 영혼의 여정》
The Soul's Journey into God

보나벤투라(1217-1274) 지음

이 책은 보나벤투라가 1257년 프란체스코 수도회의 총회장으로 선출된 뒤 얼마 되지 않아 집필되었다. 또한 《그리스도의 생애에 관한 묵상록》, 《생명의 나무》, 그리고 그의 공식적인 《성 프랜시스의 생애》를 집필하기 2년 전에 쓴 책이다.

물리적 우주와 인간의 영혼은 하나님을 나타내는 거울로 여겨진다. 그리고 이에 의해 성육신한 아들인 예수의 인성을 통해 하나님으로 인도하는 사다리 역할을 한다. 신성하게 현시하는 하나님을 드러내는 자연계에 대한 프란체스코 수도회의 견해와 이 계시의 충만함인 예수 그리스도에 대한 프란체스코 수도회의 헌신 사이에 중요한 연관성이 있다. 여기서 우리가 만나는 그리스도는 신비적 의식으로의 통로이신, 십자가에 달리신 신비적 그리스도다. [역사의 예수에 관한 그의 가르침을 더 자세히 알고 싶다면 《생명의 나무》(*The Tree of Life*)를 읽어 보아야 한다.] 여기서 예수님은 또한 아가서를 통해 사랑의 포옹 속에서 믿는 영혼과 연합하는 신랑으로 묘사된다.

보나벤투라는 성 프랜시스가 본 세 쌍의 날개를 가진 세라핌(인간을 닮은 천사)의 비전을 보고 성흔(聖痕)을 받은 바로 그 자리에서 그 비전을 묵상한 뒤 이 책을 집필할 영감을 받았다. 그 비전의 상징적인 해석은 신비적 무아경(mystical ecstasy)이 기다리고 있는 하나님께로 가는 영혼의 여정에 골격을 제공한다. 물리적 세계에서 오감을 통하여, 그리고 먼저 죄 있는 상태, 그 다음에 회복된 상태에 우리 영혼에 비친 그분의 형상을 통하여 하나님의 반사를 심사숙고하고 묵상해 본 뒤 여정은 하나님을 우선 존재(신성한 연합)로서 묵상하고, 다음으로 선(거룩한 삼위일체)으로 묵상하는 것으로 이어진다. 그리스도를 바라보는 후자의 묵상 체험은 영혼을 경이와 놀라움으로 가득 채우고, 신비적 무아경의 마지막 단계로 이끈다. 이 단계에서 모든 지적 활동을 잊어버리고, 영혼의 영향력은 하나님을 사랑하는 것과 경배하는 것 안에서 사라진다.

신비적 무아경의 마지막 단계에 대해 그는 이렇게 기록했다.

이와 같은 일이 어떻게 일어나는지 알고 싶으면, 학습하는 교리가 아닌 은총에게, 지성이 아닌 열망에게, 학습할 때의 독서가 아닌 애타게 바치는 기도에게, 스승이 아닌 신랑에게, 사람이 아닌 하나님께, 광채가 아닌 어둠에게, 빛이 아닌 불에게, 즉 지극히 황홀한 기름 부음과 뜨거운 애정으로 하나님 안에 들어가게 하고 존재를 완전히 타오르게 하는 그 불에게 물어보라.

이는 그가 머리말에서 썼던 것을 완성한다. "나는 독자가 기름 부음이 없는 독서, 헌신이 없는 사색, 경이가 없는 조사, 기쁨이 없는 관찰, 경건이 없는 일, 사랑이 없는 지식, 그리고 겸손이 없는 지성으로 충분하다는 것을 믿지 않도록…… 십자가에 매달리신 그리스도를 통하여 기도의 신음 소리로 그를 초대한다."

17

《생명의 나무》
The Tree of Life
보나벤투라(1217-1274) 지음

역사 속의 예수, 특히 그분의 겸손, 고난, 그리고 십자가에 못 박혀 죽으심을 묵상하는 것은 중세 경건에 중요한 요소다. 아시시의 프랜시스는 가난과 고난 속에 사셨던 예수님을 닮으려고 했다. 따라서 프랜체스코 수도회의 영성에는 하나님의 아들의 인성에 대한 헌신의 요소가 강하다.

《생명의 나무》는 사랑으로부터 고통에 이르는 적절한 감정을 불러일으키기 위하여 복음서에서 상상되는 장면에 오감을 적용하는 것을 수반하는 묵상록이다. 독자는 교회 전체의 정원에 물을 공급하는 네 개의 수로를 가진 광활하고 살아 있는 강물이 되는, 끊임없이 흐르는 샘으로부터 물을 공급받는 나무를 마음속으로 그리도록 초대를 받는다. 이 나무줄기에서 잎과 꽃, 그리고 열매로 장식된 12개의 가지가 자라고 있다. 잎은 질병을 예방하고 치료하는 약이며, 꽃은 달콤한 향기로 사람의 욕망을 매혹하고, 열매는 그 마음을 끄는 맛으로 만족시키기 위하여 항상 매달려 있다. "이것이 성모의 태에서 유래하여 십자가의 나무 위에서 맛좋게 익은 열매다."

이 열매가 하나이고 나뉘지 않았지만 그 우수함과 능력 때문에 신실한 영혼들의 필요에 따라 자양분을 준다. 이 열매의 위안은 12개로 분류될 수 있으며, 생명의 나무는 독자의 취향에 따라 12개의 나뭇가지에 달린 12가지 맛으로 묘사되고 제시된다. 12개의 나뭇가지는 예수의 출생으로 시작되며 그분의 생애, 사역, 고난, 그리고 죽음을 통하여 그분의 높임과 영화로 이어진다.

각 나뭇가지는 묵상과 기도, 그리고 약속을 요구한다. 예를 들어 첫 번째 나뭇가지의 끝에 다음과 같은 독백이 있다.

"이제 나의 영혼이 그 신성한 구유를 바라본다. 그 아기 예수의 발에 입술을 대고 입맞춤한다. 그런 다음 당신의 마음속으로 계속해서 목자들이 바라보고, 천사의 무리의 모임에 감탄하며, 천상의 멜로디를 함께 부르며, 당신의 목소리와 마음으로 찬양을 드린다. '지극히 높은 곳에서는 하나님께 영광이요…….'"

그러고 나서 예수의 죽음을 묵상한 뒤 다음 기도문이 나온다.

오, 나의 하나님, 선하신 예수님, 어느 모로 보아도 제가 공덕이 없고 하잘것없으며 육신으로도 이 사건이 일어날 당시에 그곳에 있을 만한 가치가 없었지만 나의 마음속으로 그 사건을 신실하게 묵상하고, 나를 위하여 십자가에 매달리시고 죽으신 나의 하나님을 체험하고, 당신의 순결한 어머니와 죄를 뉘우친 막달라가 당신의 고난을 겪던 바로 그 시간에 체험했던 깊은 동정심을 나에게도 허락하소서.

복음서에 관한 현대 학술 연구에 익숙한 사람들에게 이 책은 무척 신선하고 유익하다. 이 책의 안내를 받으면 십자가에 못 박혀 죽으셨지만 지금 영원히 살아 계신 주 예수와 살아 있는 만남을 체험할 수 있기 때문이다. 주님을 사랑하고 섬기고자 하는 진정한 열망이 있다면 감상주의에 대한 어떠한 위험도 예방된다.

18

《성 프랜시스의 생애》
The Life of St. Francis
보나벤투라(1217-1274) 지음

아시시의 성 프랜시스는 계속해서 수많은 찬미자들을 이어지게 하고 있으며, 그의 영성(자연계와 관련된)은 우리가 자연의 올바른 이용을 걱정할 때 그 점에 대해 할 말이 많다. 《성 프랜시스의 생애》는 확실히 자서전적이거나 역사적인 고전이 아닌 영적 고전이다. 이 책은 그의 놀라운 생애 이야기를 통한 프랜시스의 영성에 관한 초상이다. 첫 네 장(유년기와 개종, 그리고 수도회 창설을 다룬 내용)과 마지막 세 장(성흔을 받은 사건, 죽음, 그리고 성자 추대를 다룬 내용)은 연대순이다. 이 책의 핵심적인 9개의 장은 주제에 따라 구성되어 있으며, 그 주제들을 묘사하기 위하여 성 프랜시스의 생애에서 자료를 활용한다.

무엇보다도 먼저 5장에서 7장까지의 주제는 "정화"(purgation)다. 우리는 그의 금욕적인 삶과 겸손, 하나님께 전적으로 순종한 삶, 그의 가난에 대한 사랑, 그리고 하나님께서 그의 모든 필요를 어떻게 기적적으로 공급해 주셨는지를 보게 된다.

그 다음에 8장과 10장까지의 주제는 "내적 교화"(illumination)다. 여기서 우리는 그의 사랑이 넘치는 신앙, 새와 짐승이 그에게 보냈던 애정, 자선에 대한 열정, 예수님을 위하여 순교자가 되고자 하는 열망, 그리고 그가 하나님께 올린 기도의 깊이와 힘에 대하여 배우게 된다.

마지막으로 11장에서 13장까지의 주제는 "완덕"(perfection)이다. 우리는 그의 성경에 대한 이해력, 예언의 영, 설교 및 치유의 능력, 그리고 마지막으로 그가 받은 성흔에 대하여 읽게 된다.

정화, 내적 교화, 그리고 완덕(또는 연합)은 하나님께로 인도하는 정화의 길, 내적 교화의 길, 그리고 연합의 길이라 흔히 불린다. 또한 이는 영혼이 어떻게 죄에서 개종을 거쳐 거룩함, 그리고 하나님과의 교제에 이르는지를 나타내는 중세 묘사의 중심에 있다. 프랜시스는 기독교적인 생활 방식의 본보기로 소개된다. 그가 예수님을 본받았듯이 수사와 평신도도 그를 본받는다.

짐승들이 프랜시스를 좋아했다는 것은 널리 알려졌다. 그가 외딴집에 머물고 있었는데 "여러 종류의 새들이 마치 그의 도착에 기뻐하며, 헌신된 신부가 머물고 갈 것을 초대하고 유혹하듯이 선율이 아름다운 노래와 즐거운 움직임을 보이면서 그의 독방 주위를 날아다니는 모습"을 보았다는 내용을 읽게 된다. 그가 이 광경을 보자 동료에게 이렇게 말했다. "형제여, 한동안 여기에 머무는 것이 하나님의 뜻인가 봅니다. 우리 새 자매들이 우리가 있는 것을 너무나 기뻐하니 말입니다."

유쾌한 성 프랜시스의 자서전을 읽어 보고 싶다면 체스터턴(G.K. Chesterton)이 집필한 자서전(1924)을 읽어 보라. 하지만 프란체스코 수도회의 영성에 관하여 강한 흥미를 돋우는 묘사를 원한다면 이 강력한 글을 읽어라. 보나벤투라의 세 권의 고전을 함께 읽는 것이 좋다. 어쩌면 이《성 프랜시스의 생애》로 시작하여《생명의 나무》를 읽은 다음, 《하나님께로 가는 영혼의 여정》으로 마무리 짓는 것이 좋을 것이다.

19

《나를 따르라》
The Cost of Discipleship
디트리히 본회퍼(1906-1945) 지음

본회퍼는 나치 정권을 비난한 사람으로, 또 제2차 세계대전 중 독일 내에서 저항 운동을 한 활동가로 기억된다. 그는 독일로 돌아가서 고백교회(Confessing Church)를 섬기기도 했으며, 잠시 동안 신학교의 학장을 지냈다. 결국 그는 게슈타포에 체포되어서 나치 집단 수용소인 부헨발트(Buchenwald)에 수감되었다가 플로센뷔르크(Flossenburg)에서 1945년 4월 9일에 반역죄로 사형당했다.

나치 이데올로기의 악과 만행에 맞서는 그의 경험은 그로 하여금 성경을 읽고, 묵상하며, 깨인 눈과 주의 깊은 마음으로 기도하도록 만들었을 뿐만 아니라, 예수 그리스도를 고백하는 것이 이 세상에서 가장 중요한 일임을 다루도록 만들었다. 1935년에 시편 42장 2절을 본문으로 설교하면서 그는 이렇게 말했다.

하나님을 갈망하라. 우리는 물이 없으면 육신이 목말라하는 것을 안다. 우리는 삶과 행운에 대한 우리 열정에 대한 갈망을 안다. 우리 영혼이 하나님을 갈망하고 있음도 아는가? 이상밖에 되지 않는 신은 이 갈증을 결코 해소할 수 없다. 우리 영혼은 모든 참된 생명의 신이자 근원이신 살아 계신 하나님을 갈망한다. 하나님께서 언제 우리 갈증을 해소하실 것인가? 우리가 언제 그분의 앞으로 갈 것인가? 하나님과 함께하는 것이 전 생애의 목표며, 그 자체가 영원한 생명이다.

우리는 십자가에 못 박히신 예수 그리스도와 함께 하나님 앞에 있다. 여기서 하나님의 임재하심을 발견했다면 우리가 그것을 영원한 천국에서 완전히 누릴 것을 갈망한다.

그의 가장 널리 알려진 작품은 《디트리히 본회퍼의 옥중서간》(*Widerstand und Ergebung*)이지만, 그의 영성을 가장 분명하게 보여 주는 작품은 *Die Nachfolge*로서 1948년에 《나를 따르라》(*The Cost of Discipleship*)로 번역되었다.

《나를 따르라》의 첫 부분은 기독교의 (너무나 흔한) 값싼 은혜와 (너무나 드문) 값진 은혜 사이에 차이점을 탐구한다. 전자는 죄인이 아닌 죄를 의인화하지만, 후자는 하나님에 의한 죄인의 칭의(justification)와 예수 그리스도의 진정한 제자로의 신자에 의한 헌신과 둘 다 연관된다. 본회퍼는 그것이 예수님을 위하여 고난을 당하는 것을 의미한다는 것을 알지만 그가 권하는 것은 값진 은혜다.

산상수훈에 대해 의견을 말할 때 그는 진정으로 복을 받은 사람들은, 말하자면 예수님의 십자가 아래 살고 있는 사람들이라고 강조했다. 그런 위치에서만 이 세상의 빛과 소금으로서 온유, 겸손, 가난, 순결, 그리고 핍박을 하나님께 바칠 수 있다. 실제로 하늘에 계신 하나님께 영광을 돌리는 목적을 달성하기 위한 모든 선한 일은 그리스도 안에서 그분과 함께해야만 하며, 결코 자신에게 주의를 집중시켜서는 안 된다.

제자직에 대한 부르심은 또한 그리스도를 위한 사신이 되고, 그리스도의 몸에 참여하라는 부르심이다. 이 새사람들은 현대 사람들이 인식할 수 있도록 복음을 권할 준비가 되어 있어야만 하며, 오늘날 인류를 섬기면서 고난을 받을 준비가 되어 있어야만 한다.

《나를 따르라》

20

《확신 지상에서 누리는 천국》
Heaven on Earth
토마스 브룩스(1608-1680) 지음

많은 크리스천에게 부족한 것은 하나님께서 하늘에 계신 아버지이시며, 그들이 진정으로 그분의 입양된 자녀라는 하나님께서 주신 확신이다. 바울 사도는 로마서 8장 16절에서 "성령이 친히 우리 영으로 더불어 우리가 하나님의 자녀인 것을 증거하시나니"라고 했다.

모든 개신교 문학 중에 기독교 확신의 가장 확실한 진술과 설명은 17세기에 런던에서 조합 교회(Congregational Way)의 목사였던 토마스 브룩스가 제시한다. 책 제목은 성령의 선물인 구원의 내면적인 확신과 동반되는 10가지 이점 중의 첫 번째와 연관되어 있다. "그것은 천국을 당신의 마음속으로 가져다줄 것이다. 천국의 이쪽 면에서 천국을 소유할 수 있게 할 것이다. 확신이 있는 영혼은 낙원에서 살고, 걸어 다니며, 일하고, 안식한다. 그의 마음속에, 주위에, 그리고 그 위에 천국이 있다. 그의 모든 언어는 천국, 천국이고, 영광, 영광이다."

확신에 동반되는 그 밖의 9가지 이점은 삶의 변화를 달콤하게 만든다는 것이다. 이는 마음이 세상을 열망하지 않도록 하며, 하나님과의 교제를 도와주고, 다시 타락하는 것을 막아 주며, 거룩한 담대함을 불러일으키고, 사람을 죽음에 대비하게 한다. 또 자비가 자비의 맛을 띠게 하고, 기독교적 섬김에 활기를 주며, 영혼이 그리스도를 즐기도록 인도한다. 따라서 이는 크리스천을 하나님의 나라의 제자로 더 효과적으로 만들고, 동시에 그 제자직을 더 누릴 수 있게 만들며, 기도 속에서 하나님과의 교제를 더 친밀하게 만들어 준다.

브룩스는 확신이 크리스천이 되는 것의 본질은 아니지만, 기쁨에 넘치고 승리하는 크리스천이 되기 위해서 요구되는 것임을 설명함으로 책을 시작한다.

참된 은혜의 상태에 있는 것은 더 이상 비참해지지 않는 것이다. 그것은 영원히 행복하게 사는 것이다. 이 상태에 있는 영혼은 하나님과 가깝고 친밀한 영혼이다. 그 영혼은 하나님 안에 거하는 영혼이다. 이 영혼은 영원한 품 안에 안전한 영혼이다. 이는 모든 가장 높고, 고귀한 특권에 전적으로 관심이 있는 영혼이다. 은혜의 상태에 있는 존재는 사람의 사이를 행복하고, 안전하며, 확신 있게 해 준다. 그러나 그런 상태에 자신이 있다는 것을 보고 아는 것이 그의 삶을 달콤하고 편안하게 만들어 준다. 은혜의 상태에 있는 존재는 사람에게 장차 올 천국의 비밀을 밝혀 준다. 이 상태에 있는 자신을 보는 것은 지상에서도 천국을 이루고, 사후에도 천국을 이룰 것이다. 이는 천국에서뿐만 아니라 자신의 의식 속에서 축복해 줌으로 그를 이중으로 축복할 것이다.

물론 이 하나님의 선물은 크리스천이 받을 준비가 되어 있을 때에만 주어진다. 따라서 브룩스는 기독교적인 확신을 갖는 기쁨뿐만 아니라 이 선물을 받는 것에 따르는 일반적인 상태와 그것이 가짜 확신과 추측과 어떻게 다른지를 충분히, 그리고 흥미진진하게 묘사한다.

21

《천로역정》
Pilgrim's Progress
존 번연(1628-1688) 지음

이 세상에서 앞으로 올 세상으로 가는 《천로역정》(1678)은 《죄인에게 넘치는 은혜》(*Grace Abounding to the Chief of Sinners*)가 해설 형태로 선언하는 것을 비유적 혹은 상징적인 형태로 제시한다. 이 책은 번연이 수감 중에 감옥에서 집필하였다. 적절한 허가 없이 복음을 전했기 때문이다. 이 책은 금방 베스트셀러가 되었고, 금세기까지 그 자리를 유지하고 있다. 오늘날 이 책이 그저 재미있는 문학으로 흔히 분석되지만 번연에게는 구원, 천국, 그리고 하나님께로 가는 위험한 길—사탄, 죄, 그리고 지옥으로부터 벗어나는 길—에 관한 근본적인 이야기다. 그 문학적 가치가 무엇이든, 이 책은 본래 하나님과 예수님을 믿는 죄인들에게 그분이 베푸시는 자비를 이야기해 주는 영적 고전이다. 이 책은 칼빈교도와 개신교 전통에 따라 해석되는 기독교 생활의 비유다. 그렇지만 이 전통 안에 국한되지는 않는다.

파괴의 도시로부터 천국의 도시로 향하는 여정에서 크리스천은 수많은 장애물에 직면한다. 이러한 장애물 중에는 무저갱의 사자(사탄)와 같이 명백한 적과 포착하기 어려운 장애물(예를 들어 교리가 현혹적이며 "계란 흰자의 맛과 같이 종교가 결여된" 집을 가진 거짓된 순례자들의 협박)이 포함된다. 하지만 타협은 있을 수 없고, 그가 만나는 것은 도움 아니면 장애물이다. 실제로 "천국의 문에서 지옥으로 가는 길도 있다." 첫 장은 꿈을 자세히 얘기하면서 시작된다.

나는 꿈을 꾸고 있었는데 넝마를 걸친 남자를 보았다! 그의 얼굴은 자신의 집을 뒤로 하고 있었으며, 손에 책 한 권을 들고 등에 무거운 짐을 지고 있었다. 내가 지켜보니 책을 열어서 읽는 모습이었다. 그가 책을 읽자 슬피 울며 떨었다. 그는 자신의 감정을 억누를 수 없어 주저앉아서 가슴이 터질 것같이 애통하게 울며 "이를 어찌하면 좋겠습니까?"라고 부르짖었다.

마지막 장은 좁은 길을 따라 크리스천과 소망이 한 기나긴 순례 여행 끝에 무슨 일이 일어났는지를 들려준다.

나는 이 두 사람이 (천국) 문에 들어서는 것을 보았다. 그러자 보라. 이들이 들어가자 외모가 변하고, 금과 같은 빛나는 의복을 입었다. 다른 이들은 하프와 면류관을 들고 나와 이들에게 주었다. 하프는 찬양하기 위한 것이었고, 면류관은 명예의 표시였다. 그 다음에 나의 꿈속에서 그 도시에 있는 모든 종이 환희에 차 울려 퍼졌고, 순례자들은 이런 말을 듣는 것을 보았다. "와서 주님의 행복을 함께 나누세요." 나는 또한 크리스천과 소망이 큰 소리로 노래를 부르며 "보좌에 앉으신 분과 하나님의 어린양에게 영원무궁토록 찬양과 존귀와 영광을 돌립니다!"라고 말하는 것도 들었다.

이 책의 중대한 가치 중의 하나는, 크리스천의 삶이 비록 지상에서 이루어지지만, 진실로 그리스도 중심의 삶이 되도록 하늘을 목표로 해야만 한다는 것을 아주 명확하게 선언한다는 점이다. 좁은 길은 한 방향으로만 인도하기 때문이다. 천국에 계신 그리스도께로!

22

《죄인에게 넘치는 은혜》
Grace Abounding to the Chief of Sinners
존 번연(1628-1688) 지음

번연이 스스로 고백한 바와 같이 "저주하고, 욕하며, 거짓말하고, 하나님의 이름을 모독하는" 젊은 남자들 가운데 그와 견줄 만한 사람은 몇 안 되었다. 그는 내전 때(1644-1646) 크롬웰이 이끄는 의회군에 들어갔다. 유일한 혼수품이 두 권의 책—루이스 베일리가 집필한 《경건 훈련》과 존 덴트가 쓴 《보통 사람이 천국에 이르는 길》—밖에 없던 어느 가난한 처녀와 결혼한 땜장이였다. 번연은 이 두 권의 진정한 기독교에 관한 (당시에 인기 있었던) 영적 책을 읽으면서 그리스도께 귀의하는 여정을 시작했다.

하지만 영원한 생명으로 향하는 좁은 문에 들어가는 것은 두려움과 위안, 우울함과 의기양양, 의심과 믿음, 그리고 어두움과 빛의 고통스러운 과정이었다. 번연은 두 성경 구절—히브리서 6장 4-6절과 고린도후서 12장 9절—의 주제가 그의 마음속에서 큰 싸움을 일으켰던 것을 묘사한다. 전자는 하나님의 은혜를 맛보고 타락한(번연 자신이 했다고 생각했던 것) 자들에게 희망이 없는 것처럼 보였다. 그 반면에 후자는 하나님의 은혜가 모든 상황에 족하다고 단언했다. 후자가 승리를 거둔 듯했다. 하지만 하나님의 음성으로 "너의 의로움은 천국에 있다"는 메시지가 그의 마음에 들리기 전까지 그는 여전히 의심했다.

이제 나의 다리에 채워졌던 족쇄가 풀렸다. 나는 고뇌와 족쇄로부터 자유로워졌다. 나의 유혹도 멀리 도망쳤다. 그래서 그 이후로 그 무시무시한(경고를 포함한) 하나님의 말씀이 나를 더 이상 괴롭히지 않고 떠났다. 이제 나는 하나님의 은혜와 사랑으로 인하여 환호하며 집으로 돌아왔다.

번연은 그 다음에 하나님의 계획으로 그리스도가 우리에게 지혜와 의로움과 거룩함과 구속함이 되셨다고 선언하는 고린도전서 1장 30절을 읽었다. 그가 이 본문을 묵상하자 천국에 계신 예수 그리스도에 대해 위안이 되는 생각이 나게 되었다.

그분의 높이 들리심과 그분의 모든 특권의 가치와 우세함을 보는 것이 나에게 영광이었다. 그리고 이제 나 자신으로부터 눈을 돌리고 그분을 바라볼 수 있기 때문에 이제 나에게 하찮게 보였던 그 모든 하나님의 은혜는, 마치 부자들이 집에 있는 그들의 트렁크에 금이 들어 있는데 지갑 속에 들고 다니는 금이 간 몇 푼 안 되는 은화와 4펜스나 잔돈 같았다. 오! 나는 집에 있는 트렁크 안에 금이 들어 있다는 것을 깨달았다. 즉 나의 주시며 구세주이신 예수 그리스도 안에 말이다. 이제 그리스도는 나의 전부가 되셨다. 그분은 나의 모든 의로움, 나의 모든 성화, 그리고 나의 모든 구속이셨다. 더 나아가 주님은 하나님의 독생자와의 연합의 신비로 나를 인도하기도 하셨다. 그래서 나는 그분과 결합하고, 나는 그분의 살 중의 살이요 뼈 중의 뼈가 되었다.

그래서 번연은 그리스도 안에서 차분한 평안과 확신을 발견하게 되었고, 설교자와 목사가 되었다. 그는 하나님의 구원과 어떻게 '큰 죄가 큰 은혜를 이끌어내는지'를 기념하기 위하여 그의 영적 자서전을 1666년에 집필했다. 이 책은 1660년에 있었던 그의 첫 감옥 체험담을 포함하기도 한 참으로 재미있고 감동적인 이야기다. 《천로역정》을 읽기 전에 이 책을 읽어 보라.

23

《크리스천의 만족이라는 희귀한 보석》
The Rare Jewel of Christian Contentment
예레미야 버로스(1599-1646) 지음

사도 바울은 이렇게 고백했다. "어떠한 형편에든지 내가 자족하기를 배웠노니"(빌 4:11). 이 책은 이 구절의 해설이며, 따라서 크리스천의 만족의 해설이자 추천이다. 이는 인생의 모든 상황 속에서 '하나님의 지혜롭고, 아버지다운 처리에 즐거워하고, 거리낌없이 순종하는 유쾌하고, 내적이며, 조용하고, 은혜가 넘쳐흐르는 영혼의 틀' 로 이해된다.

1640년대에 조합 교회에서 신앙 생활을 한 청교도인 버로스는 동 시대 사람들에게 매우 존경을 받던 평화를 사랑하는 사람이었다. 그의 책을 추천하면서(빌립보서 4장 11절에 관한 설교 시리즈를 각색한 글) 그를 존경하는 동 시대 사람들은 서문에 이렇게 썼다.

> 이 보석을 위해 정해진 유일한 장소는 그 본래의 영광이 확연해질 사람들의 소중한 마음판이다. 독자여, 이 책을 사서, 마음에 두고, 그곳에 입혀라. 그러면 솔로몬이 말하듯이 이는 "그것이 네 영혼의 생명이 되며 네 목에 장식이 되리니 네가 누울 때에 두려워하지 아니하겠고 네가 누운즉 네 잠이 달리로다 대저 여호와는 너의 의지할 자이시라."

이 내용에는 성경으로부터 상세한 해설과 크리스천 만족의 경험, '크리스천이 이 만족스러운 상태에 도달하는 오묘한 신비와 기술', 그리스도가 만족을 가르치신 방식, 불평하는 영혼의 해악, 불만족스러운 마음의 변명, 그리고 그리스도 안에서, 또는 그리스도를 통하여 하나님께로부터 만족을 얻는 방법이 포함된다. 이 책에는 묵상과 기도, 그리고 자성과 같은 훈련과 연관된 지혜로운 조언과 함께 인간 마음의 광활한 지식이 나와 있고, 성경 구절이 풍부하게 사용되었다.

버로스는 "만족하고 있는 마음은 하나님의 처분에 의지하고, 하나님의 처분에 순종한다. 즉 만물에서 하나님의 은혜를 본다. 그의 복종에서 하나님의 주권을 보지만 그를 만족하게 만드는 것은 하나님의 지혜다. 주님은 나보다 주문하는 방법을 더 잘 알고 계신다. 주님은 나보다 더 멀리 내다보신다. 나는 현재에 있는 것들만 바라보지만 주님은 지금으로부터 훨씬 이후의 것들을 보신다."라고 한다. 그는 은혜가 신자가 슬픔과 기쁨을 함께 받아들이고 그 용납 안에서 그리스도를 통하여 만족을 찾을 것을 가르쳐 주는지를 설명한다. 그리스도에 의해 교화된 마음과 정신을 가진 사람만 슬픔과 기쁨 안에서 만족을 발견하고, 그 진가를 인정할 수 있다.

이 책은 하나님 안에서만 만족을 찾고자 하는 열망을 가진 모든 사람에게 주는 그분의 은혜와 지혜를 담은 메시지를 지니고 있다. 수많은 압박과 시험이 가득한 세상에서 진정한 만족은 확실히 희귀한 보석이다. 버로스는 비록 설교 형태의 문체가 가장 매력적이지는 않지만 이 보석을 발견했고, 그것을 매력적으로 묘사했다.

24

《성인들의 생애》
Lives of the Saints
알반 버틀러(1710-1773) 지음

버틀러는 로마 가톨릭 교회의 성직자였으며, 유럽의 광범위한 기록들을 조사한 끝에 1756-1759년에 집대성한 신부, 순교자, 그리고 주요 성인들의 생애를 출간했다. 그들은 교회 연도에 따라 구성되어 있다. 즉 어떤 날은 다른 날보다 더 많은 기념식이 있었다는 것을 의미한다. 버틀러가 책을 집필한 주목적이 교화하고 영감을 주는 것이었기에 사실과 허구를 항상 구별하지는 않았다. 하지만 그의 방대한 작업은 서스턴(H. Thurston S. J.) 등에 의해 1920년대에 상당히 보충하여 개정되었다. 또한 1956년과 1981년에 네 권짜리 판으로 만들기 위해 애트워터(Donald Attwater)에 의해 약간의 추가로 편집되었다. 이 최신판은 2,565명, 즉 1년의 각 날마다 평균 7명을 포함하는 반면에 버틀러의 원전은 1,486명만 포함했다. 현재 이 책은 흔히 《버틀러의 성인들의 생애》라는 인기 있는 제목으로 널리 알려져 있다.

버틀러는 1756년도 원전의 서문에서 그의 목적을 다음과 같은 현명한 말로 표현했다.

본을 보여서 사람들의 사상을 형성하는 방식은 그 밖의 모든 방법 중에서 모든 상황과 성질에 가장 짧고 쉬우며, 최고로 적합하다. 교만은 훈계에 뒷걸음질

친다. 하지만 본은 주인의 권위를 침해하지 않고 가르친다. 사람은 본보기로 자신에게 조언하고 가르치는 것처럼 보이기 때문이다. 성인들의 생애에서 우리는 복음의 가장 완벽한 격언을 행동으로 옮기고, 가장 영웅적인 미덕을 우리 오감의 대상으로 만들며, 마치 육신에 입히듯이 가장 매력적인 드레스로 나타내는 것을 보게 된다. 우리가 성인들의 모든 행위를 닮을 수는 없지만, 우리 상황과 계층에 적합한 방식으로 겸손과 인내, 그리고 그 밖의 다른 미덕을 실천하는 방법을 그들에게서 배울 수 있으며, 우리가 성인들의 축복과 영광의 일부라도 받도록 기도할 수 있다.

네 권짜리 간행본의 최신 재판을 추천하면서 웨스트민스터 대교구장 흄 추기경은 다음과 같이 썼다. "이 페이지에 묘사되고 서술된 영웅적인 남녀들은 평범한 역사를 초월하는 영감을 우리에게 남겼다. 그렇다면 오늘날 《버틀러의 성인들의 생애》의 또 다른 간행본에 대한 수요가 있다는 것도 놀랍지 않다. 왜냐하면 현 세대는 죽이는 글이 아닌 깨우는 영혼을 찾고 있는 듯하기 때문이다."

물론 그 밖에 가치 있는 성인들에 관한 간략한 '사전'과 '전기'도 있기는 하다. 하지만 그 어떤 책도 기독교 영성의 정보의 원천뿐만 아니라 영감의 원천으로서도 버틀러의 책을 대체할 수 없다.

25

《기독교 강요》
Institutes of the Christian Religion
존 칼빈(1509-1564) 지음

많은 사람들은 칼빈에게 있는 보물을 놓친다. 이들은 그를 유기된 자들을 저주하는 일에 주력하는 신학자로 오해하기 때문이다. 사실 그의 신학이나 영성의 중심에는 그리스도의 성화 또는 그리스도와 참된 신자들 사이의 신비적 연합 속의 교회의 참여에 관한 교훈이 있다.

예수님은 인간으로서 그분이 대속하는 죽음과 영광스러운 부활로 우리 구원을 위하여 필요한 것이라면 무엇이든지 얻을 수 있는 원천이 되셨다. 그분 자신과 우리를 연합시키고, 그분의 몸의 지체로 만듦으로써 그리스도는 성령을 통하여 우리에게 내주하시고, "나눌 수 없는 교제의 띠로 우리에게 가까이 다가오실 뿐만 아니라 그분이 우리와 하나가 될 때까지 날마다 놀라운 교제가 우리와 함께 점점 더 한 몸으로 성장하게 된다." 칼빈은 이 신비적 연합이 바로 칭의(justification, 하나님과 올바른 관계를 맺는 것) 및 성화(sanctification, 내주하는 성령의 능력을 통하여 마음과 정신과 의지가 거룩해지는 것)의 원천이라고 주장한다.

인간의 관점에서 보면, 그리스도와 그분의 백성 사이의 연합의 띠는 믿음이다. 믿음은 구원을 열망하는 죄인이 확실히 행사한다. 하지만 그것은 사람들이 복음을 들으면서 성령의 은밀한 역사로 마음속에 생기는 하나님의 선물이기도 하다. 따라서 그리스도와의 연합이 믿음 및 성령에 의한 것이라고 주장하는 것이 옳다.

《기독교 강요》의 최종본은 칼빈이 제네바에서 담임 목사로서의 임기가 끝나갈 무렵인 1559년에 나왔다. 이 책은 개신교 신학에서 가장 영향력 있는 글인 동시에 프랑스어로 집필되었기에 획기적인 문학 작품이었다. 칼빈은 신학자들의 언어보다 일반인의 언어를 선택했다. 어쩌면 역사상 어떤 신학 저자도 성경 해설, 논리적으로 명확한 사상, 문체, 그리고 목회적, 윤리적, 그리고 영적 조언의 선물을 하나의 강력하게 통합된 인격으로 그렇게 잘 결합시키지는 못했을 것이다.

《기독교 강요》는 사도신경에 기반을 두고 있으며, 네 부분으로 구성된다. 1부는 창조주 하나님을 아는 지식, 2부는 구속주 하나님을 아는 지식, 3부는 그리스도의 은혜를 받는 방법, 그리고 4부는 하나님께서 우리를 그리스도의 회에 들이셔서 그 속에서 지키시는 외적인 수단 혹은 목표로 이루어진다. 우리는 이 책에서 교리 및 윤리, 교훈 및 영성, 개인 및 공동 신앙심, 기도, 묵상, 그리고 행위를 창조적으로 통합하면서 가르치고 교화하는 데 깊은 관심이 있는 목사이자 교사를 만난다. 당신이 일단 그 진가를 인정하기 시작하면 읽고 또 읽거나 성경에 관한 칼빈의 주석을 보고 또 보게 될 책이다.

26

《컨퍼런스》
Conferences

존 카시안(360-435) 지음

그는 수사를 위하여 글을 쓴 수사였지만, 그가 하고자 하는 말은 어디서든 가치가 있다. 여행을 많이 한 사람으로서 그는 이집트의 수사들에게서 배운 24가지 '의논'을 나누었다. 이 글은 그가 방문한 수도자의 독방에서 나눈 대화나 회의에 관한 보고서다. 이 글은 서방 수도원주의의 발달, 특히 그 영성에 아주 큰 영향을 끼쳤다. 그리고 이 글은 오늘날 '사막의 영성'을 개발하고 싶거나, 간단하되 효과적인 묵상의 형태를 찾고 있는 사람들의 큰 관심 속에 다시 읽히고 있다.

카시안은 수사들의 자기 훈련, 금식, 묵상, 쉬지 않는 기도, 그리고 그 밖에 금욕주의적 및 고행적 행위―사탄과의 싸움은 말할 필요도 없고―는 한 가지 결과를 목표로 하고 있었다는 점을 명확하게 보여 준다. 그 목표는 살아 계신 하나님이신 주 예수 그리스도의 아버지와의 만남이었다.

완전히 정화된 눈으로 신격을 바라보는 것은 가능하다. 하지만 이는 지상 행위와 생각을 초월하고, 그분과 함께 홀로 높은 산으로 가 은거하는 사람에게만 가능하다. 이들이 세상적인 생각과 열정의 소란과 모든 성적 부도덕의 대혼잡에서 벗어나고, 완전히 순결한 믿음의 극치에 도달했을 때 하나님은 그리스도의 얼굴의 영광을 그들에게 밝히며, 영혼의 정화된 눈으로 그 얼굴을 바라볼 만한 사람들에게 그 광채의 모습을 드러낸다.

이 책에는 '정결한 마음'에 관한 정보와 이를 달성하는 방법이 많이 있다. 흔히 이를 간단한 예를 들어 설명한다. 컨퍼런스 10번에 보면, 하나님 생각을 항상 하는 방법에 관한 아주 유용한 충고가 제시되어 있다. 간단한 방법은 시편(수사들의 기도서였음)의 특정 구절의 의미를 계속해서 반복하고 생각하는 것이다. "하나님이여 속히 나를 건지소서 여호와여 속히 나를 도우소서"(시 70:1).

이 방법은 인간 본성이 할 수 있는 모든 감정을 수반한다. 이 방법은 모든 상황에 적용할 수 있으며, 모든 유혹에 대항하는 데 유용하게 전개될 수 있다. 이는 모든 위험 앞에 하나님께 도움을 청하는 부르짖음을 내포하고 있다. 이는 경건한 고백의 겸손을 나타낸다. 이는 사랑과 자비의 열정으로 가득한 음성이다. 이는 사탄의 함정을 보는 사람의 겁에 질린 부르짖음이며, 하루 종일 공격당해서 그의 보호자가 구하러 오지 않는 이상 도망칠 수 없는 사람의 부르짖음이다.

이 성경 구절의 반복은 주문을 외우는 것과 다르다. 온 정신을 집중하고 의미와 사랑을 담아 기도하라고 했기 때문이다. 이 생각은 나중에 개발된 예수 기도 암송과 거의 흡사하다.

27

《연옥》
Purgatory
제노아의 카타리나(1447-1510) 지음

카테리네타 피에스치 아도르나(Caterinetta Fieschi Adorna)는 어떤 상황에서도 가장 주목할 만한 성인다운 여자였다. 그녀는 결혼하였으며 수도자였고, 병원에서 병에 걸리고 빈곤한 사람들의 육신적인 보살핌에 전적으로 몰두했으며, 거룩한 어머니 교회(Holy Mother Church)의 충성된 여신도였고, 그녀가 살던 시대와 그 이후에도 수많은 사람에게 영감을 주었다.

그녀는 그녀의 책 *Vita e Dottrina*에 해설된 대로 그녀가 26세 때 개종하였고, 결혼한 상태에서 다음과 같이 일어났다.

고해성사 신부 앞에 무릎을 꿇자 그녀의 마음속에 측량할 수 없는 하나님의 사랑의 상처와 그녀 자신의 고통과 잘못에 대한 너무나 명확한 비전과 하나님의 선하심을 받아서 바닥에 쓰러질 뻔했다. 그리고 이 무한한 사랑과 이 가장 다정한 하나님께 가해졌던 공격을 체험함으로 그녀는 이 세상의 하찮은 것들로부터 너무나 강렬하게 밀어져서 제정신을 잃고 열렬한 사랑으로 속으로 부르짖었다. '더 이상 세상을 사랑하지 않겠다! 더 이상 죄를 짓지 않겠다!'

그녀는 이 체험에 압도된 채 집에 돌아와서 그녀가 찾을 수 있는 가장 한적한 방에 문을 잠그고 홀로 있었다. 그녀가 생각하고 느낄 수 있는 것은 하나님의 사랑뿐이었고, 그녀에게 십자가를 지고 계신 예수님의 내적 비전을 받았다. 이 체험은 하나님에 대한 그녀의 사랑 및 자신의 죄성에 대한 자각을 더 심화시키는 역할을 했다.

그녀가 집필한 논문 "연옥"과 "영적 대화"는 둘 다 *Vita e Dottrina*에 실려 있다. 이제 학자들은 그녀가 실제로 "연옥"을 전부 집필했으며, 최소한 "영적 대화"의 1부를 집필했다는 것을 의심하지 않는 듯하다. 하지만 연옥에 관한 그녀의 단편이 그녀의 신비주의자와 신학자로서의 명성의 기초가 되었다(그녀의 성인다움은 묵상적인 측면과 능동적인 측면을 둘 다 겸비하는 그녀의 삶에 기초를 둔다).

그녀는 연옥을, 천국으로 들어가기 위한 준비 단계로서 하나님께서 영혼의 정화라는 작업을 완성하시는 곳으로 보았다. 정화는 이생과 내세에서 둘 다 고난으로 이루어지지만 하나님 앞에서 참된 기쁨으로 끝난다. 그런데 영혼의 정화는 자기애를 제거하는 하나님의 사랑에 대한 체험이나 다름없다.

영혼은 단 한 번, 즉 이생을 떠나는 바로 그 순간만 그 정화의 이유를 이해한다. 그 순간 이후로 그 지식은 사라진다. 하나님의 자비에 빠져들어서 그곳으로부터 벗어날 수 없는 그들은 순결한 사랑만 원하거나 갈망할 수 있다. 연옥에 있는 영혼의 기쁨과 비교할 수 있는 기쁨은 없다(천국 안에 있는 기쁨 외에). 이 기쁨은 날마다 증가한다. 하나님의 사랑이 그 영혼에 대화하는 방식 때문이다. 그 사랑의 방해물이 날마다 해어지기 때문이다. 이 방해물은 죄의 때다. 그 죄가 소멸되면서 영혼은 하나님의 사랑에 점점 더 마음을 열게 된다.

28

《영적 대화》
The Spiritual Dialogues
시에나의 카타리나(c.1347-1380) 지음

카타리나는 25명의 남매 중 24번째였으며, 이탈리아의 수호 성인이 되었다. 또한 로마 가톨릭 교회에서 '박사'라는 칭호를 받은 두 여인 중의 하나였다. 제3도미니코 수도회에 가입하긴 했지만 그녀는 늘 평신도였다. 그녀의 정치적인 문제는 우리의 관심사가 아니다. 그녀는 그런 문제뿐만 아니라 하나님과 친밀한 교제와 환희를 즐긴 여자였으며, 그 체험을 글로 표현하는 엄청난 능력을 소유하고 있기도 했다. 카타리나는 삶의 묵상적 측면과 능동적 측면의 결합의 훌륭한 본보기였다. 특히 그녀의 짧은 인생의 마지막 12년 동안은 더욱 그러했다.

《영적 대화》는 하나님과 카타리나 사이의 대화다. 다음은 하나님께서 천국과 지상 사이의 다리로 묘사되는 예수님에 관하여 그녀에게 하신 말씀의 일부다.

나의 독생자인 이 다리에는 세 개의 계단이 있다. 두 계단은 가장 거룩한 십자가의 나무 위에 만들었다. 그리고 세 번째 계단은 사람들이 그에게 마시라고 주었던 독초와 식초의 쓴 맛을 보시면서도 만들었다. ……첫 번째 계단은 애정을 상징하는 발이다. 발이 몸을 옮기듯 애정이 영혼을 나르기 때문이다. 나의 독생자의 못 박힌 발은 가장 안쪽에 있는 마음이 드러나는 그의 옆으로 기어 오를 수 있는 계단이다. 영혼이 애정의 발을 딛고 올라가서 마음의 눈으로 독생자의 열린 마음을 보면 그녀도 자신의 마음으로, 그의 완전하고 말로 다할 수 없는 사랑 안에서 사랑을 느끼기 시작하기 때문이다.

두 번째 계단은 예수의 사랑으로 충만하고 압도되는 마음이다. 세 번째 계단은 죄에 대항하는 싸움으로부터 영혼이 평안을 맛보는 그의 입이다.

카타리나가 무아경의 상태에 있을 때 대부분 받아 쓴 이 비전에는 진리와 사랑의 건강한 조합이 있다. 실제로 카타리나에게 거룩한 삼위일체로서의 하나님은 순결한 자비(essa carità)와 사랑이 넘치는(pazza d' amore) 부드러운 첫 진리(la prima dolce Verità)시다. 따라서 하나님께로 가는 길은 진리의 길일 뿐만 아니라 사랑의 길이기도 하다. 이 역학은 그녀의 가르침의 핵심에 있으며, 《영적 대화》의 머리말에 다음과 같이 글로 표현된다.

하나님의 영광과 영혼의 구원에 대한 엄청난 열망으로 잠 못 이루는 한 사람이 깨어난다. 그녀는 지식 위에 사랑이 따르기에 그녀를 향한 하나님의 선하심을 더 잘 알기 위하여 한동안 선행을 해 오고, 자기 인식의 독방 속에 익숙해졌다. 그래서 사랑하는 그녀는 진리를 추구하고, 그 옷을 입으려 한다.

하나님과 그녀 자신의 지식에 기반을 둔 지속적으로 하는 겸손한 기도로 그녀는 하나님과 사랑 안에서, 그리고 사랑에 의해 연합하고자 한다. 그녀의 체험에 관한 생생한 묘사를 보고 싶다면 《영적 대화》를 읽어 보라!

29

《자기 포기-하나님의 섭리에 순종하는 삶》
Self-Abandonment to Divine Providence
장 피에르 드 코사드(1675-1751) 지음

《자기 포기-하나님의 섭리에 순종하는 삶》의 또 다른 제목은 《현재 순간의 성사》(The Sacrament of the Present Moment)였다. 이 글은 코사드가 죽은 뒤 한 세기 동안 나타나지 않았으며, 1861년에 동료 예수회 수사 라미에르(P. Ramière)가, 그가 남긴 서신과 기록을 집대성해서 출간하였다. 이 책은 금세 크리스천들이 도움과 인도를 위하여 읽고 또 읽을 수 있는 자료가 되었다.

자기 포기에는 특별한 의미가 있으며, 이는 자기 본위, 자기애, 그리고 이기심(그가 당연시 여기는)의 능동적인 포기가 아니다. 이는 하나님의 뜻을 받아들이는 것이다. 예수의 어머니였던 마리아가 이에 대한 훌륭한 본보기다. 그녀는 "말씀대로 내게 이루어지이다"라고 말했기(그리고 정말로 믿었기) 때문이다. 따라서 자기 포기란 하나님의 인도, 은혜, 그리고 섭리에 자신을 포기하는 것이다. 마치 수영하는 사람이 파도에 자신의 몸을 맡기고, 몸이 그 방향으로 움직이도록 하듯이 말이다.

그가 가르치는 바는 아주 단순하면서도 달성하기가 매우 어렵다. 그것은 하나님께서 모든 것을 주관하신다는 것을 전심으로 받아들이고, 그래서 자신에게 일어나거나 닥치는 모든 일을 하나님께서 주신 것으로 받아들이며, 그리스도를 위하여 환영하는 것을 의미한다. 더 나아가 이는 하나님의 임재하심을 너무나 자각해서 초자연적인 삶이 본래의 삶보다 더 실제 같은 것이다. "우리 영혼을 성화하는 하나님의 임재하심은 거룩한 삼위일체의 내주하심이다. 이는 거룩한 뜻에 순종할 때 우리 마음속 깊이 확립된다." 그래서 "이 성령의 역사는 자신의 영리함이나 지능, 또는 민감한 정신으로 성취되는 것이 아니라 그것의 영접에 대한 우리의 수동적인 자기 포기로 성취된다."

"순결한 사랑의 교리는 우리 정신 활동의 결과가 아닌 하나님의 행위를 통해서만 배울 수 있다. 하나님은 생각이 아닌 고난과 모순으로 마음을 가르치신다." 하나님께서 보내시는 고난은 "특별한 상태나 노력보다 거룩함에 이르는 훨씬 더 확실하고 빠른 길"을 우리에게 열어 준다. 하나님과 더불어 더 많은 것을 잃어버리는 것처럼 보일수록 더 많은 것을 얻는다. 자연스러운 것을 굶길수록 초자연적인 것에 더 많이 공급한다. 우리는 그분이 주시는 선물로 인하여 그분을 조금 사랑했다. 이것들을 더 이상 느낄 수 없을 때 "그분을 있는 그대로 사랑하는 시점에 도달하게 된다." 영혼을 하나님께 완전히 포기할 때 이것이 사랑의 완성에 이르는 길이다.

이 책은 항시 묵상과 자아성찰을 위해서 한 장 한 장씩 읽어야 하는 종류의 책이다. 이 글은 읽기는 쉬우나 적용하려면 큰 노력을 요한다. 이 책은 더 지혜로워지고 싶은 현인과 더욱 완전해지고 싶어하는 거룩한 사람을 위한 책이다. "우리는 성령님이 우리 안에 역사하시도록 하면서 그분이 하시는 일을 모르고, 그 일을 모르는 것에도 만족하며 하나님의 역사 아래 우리 자신을 포기하는 법을 배워야만 한다."

30

《신앙심의 시작과 발전》
The Rise and Progress of Religion in the Soul
필립 도드리지(1702-1751) 지음

목사를 양성하는 디센팅 아카데미(Dissenting Academy, 반국교 학원)의 목사이자 원장이었던, 노샘프턴에 기반을 둔 도드리지는 18세기에 가장 영향력 있는 비국교도 중의 하나였다. 그가 작사한 여러 찬송가(예를 들어 "Hark the glad sound…")는 현대 찬송가에 나오며 《신앙심의 시작과 발전》은 지금도 많은 유익을 얻을 수 있는 책이다. 이 책은 복음주의 열정을 최고의 청교도적 헌신과 조합하며, 기독교를 흥미진진하지만 큰 노력을 요하는 종교로 소개한다.

제목이 암시하는 바와 같이 이 책은 개종으로 이끄는 회개와 믿음의 성질, 복음이 요구하는 기독교 생활의 질, 이 삶의 유혹과 어려움, 공중예배와 신자들의 교제, 그리고 기독교적인 죽음을 준비하는 방법을 설명한다. 30개 단원의 각 말미에는 묵상과 기도문이 있다. 이 기도문을 실제로 읽으면 자신의 기도 생활을 개발하는 데 큰 도움이 된다. 이 기도문은 은혜의 삶의 시작과 연속이라는 범위 전체를 다루기 때문이다.

도드리지는 그가 집필한 책이 다루고자 하는 주제를 다음과 같이 정의했다.

"가장 일반적인 의미에서 종교란, 영혼 안에서 하나님의 느낌, 그리고 그분에게 진 우리의 의무에 대한 확신과 의지 때문에 그분을 기쁘게 해 드릴 것이라고 믿을 만한 이유가 있는 방식으로 행동하는 것을 우리의 가장 큰 관심사로 만든다."

도드리지에게는 하나님이 거룩한 삼위일체이신 하나님이며, 종교는 그리스도 안에서, 그리스도와 함께, 그리고 그리스도를 통하여 성령의 능력 안에서 아버지께로 가는 길이라는 것을 부언할 필요가 있다.

이 책에는 명확한 교훈이 있지만 또한 열정적인 강권과 심문도 있다. 그는 하나님의 사랑 안에서의 마음의 갱신을 설명한 뒤, 다음과 같이 독자들에게 자신의 마음을 감찰해 볼 것을 요구했다.

그분의 비견할 수 없는 미덕에 대한 외경적 두려움과 지고의 사랑, 그리고 존경, 그분을 최고선으로 좇으려는 열망, 그리고 그분을 당신의 최고의 은인으로 여기는 진심에서 우러나오는 감사가 있다는 것을 깨달았는가? 그분의 보살피심을 신뢰할 수 있는가? 그분이 명하시는 모든 것에 전적으로 순종하며, 그분의 섭리의 모든 처분에 겸손하게 순종하고자 하는 열망이 있는가? 당신의 가장 귀한 목적이 그분께 영광을 돌리는 것이며, 그분께 자신의 가치를 인정받는 것을 당신의 삶의 중대한 과업으로 만들 계획인가? 당신을 지배하는 관심사가 온 마음을 다해 진정으로 그분을 닮아 가고 섬기는 것인가?

이런 질문은 모든 주제에 관한 명확하고 민감한 심문이다. 이는 이 책의 장점 중의 하나다. 이 책의 마지막 단원의 제목은 "죽는 태도로 하나님께 영광을 돌리는 크리스천"이며, 가장 경건한 방식으로 소유물, 가족, 그리고 하나님과의 관계를 다룬다. 이 책은 오늘날 우리에게 시기적절한 메시지다.

31

《사랑, 세상에서 가장 위대한 것》
The Greatest Thing in the World
헨리 드러먼드(1851-1897) 지음

이 책은 스코틀랜드 전도자이자 작가인 저자의 가장 널리 알려진 작품이다. 그는 또한 널리 읽히고 있는 《영적 세계에서의 자연 법칙》도 집필했다. 그는 1877년부터 프리처치대학에서 자연과학을 가르쳤지만 또한 복음 전도에도 관여하고 있었으며, 특히 학생들과 지식인들을 성공적으로 전도했다. 그에게 복음을 전하고자 하는 열정이 그렇게 많지 않았다면 위대한 과학자가 될 수도 있었다고 한다.

세상에서 가장 위대한 것은 사랑이다. 즉 고린도전서 13장에서 바울 사도가 묘사한 사랑이다. 이 작은 책은 그 장에 대한 묵상이다. 이 글은 드러먼드의 생애에서 장년기에 집필되었으며, 고린도전서 13장에 관한 가장 단순하면서도 가장 뜻 깊은 해설 가운데 하나다. 드러먼드는 그가 하고자 하는 말을 세 부분으로 나누었다—사랑 대조, 사랑 분석, 그리고 사랑 변호.

무엇보다도 먼저 능변과 예언, 신비, 믿음, 희생, 순교와 대비하여 사랑이 가장 눈에 띈다. 사랑이 없다면 당신에게 아무것도 없으며, 사랑이 없이 기독교는 진짜가 아니기 때문이다.

그 다음으로 사랑에는 9가지 기본적인 요소, 즉 어떤 사람이 어떤 장소에서든지 실천할 수 있는 미덕이 있다. 이러한 것들은 인내, 친절, 관용, 겸손, 예의, 이타심, 성내지 않음, 정직, 그리고 진실성이다. 이 각 미덕을 짧지만 예리하게 해석한 뒤 그는 다음과 같이 주석을 달았다.

"우리 삶에서 해야 할 일은 이러한 것들을 우리 인격에 맞추는 것이다. 이 세상에서 전념해야 하는 가장 중요한 일은 사랑하는 법을 배우는 것이다. 인생은 사랑하는 법을 배울 수 있는 기회로 가득하지 않은가? 모든 남녀에게는 날마다 그런 기회가 수없이 주어진다. 세상은 놀이터가 아니라 교실이다. 인생은 휴가가 아니라 교육이다. 그리고 우리 모두를 위한 한 가지 영원한 교훈은 우리가 어떻게 하면 더 잘 사랑할 수 있는가?"이다. 따라서 실천, 즉 사랑을 날마다 실천하는 것이 핵심이다.

세 번째로, 사랑은 결코 실패하지 않는다. 이것은 영원히 지속된다. 하나님 자신이 사랑이시기 때문이다. "풍부하게 사랑하는 것은 풍부하게 사는 것이며, 영원히 사랑하는 것은 영원히 사는 것이다. 그러므로 영생은 사랑과 뗄 수 없는 밀접한 관계가 있다."

사랑 그 자체를 결코 정의할 수 없다. 빛은 그 요소—강렬하고, 눈부시며, 떨리는 에테르—의 집합체 그 이상이다. 그리고 사랑은 그 모든 요소—두근거리고, 떨리며, 민감하고, 살아 있는 것—를 초월한다. 사람은 모든 색상의 조합으로 흰색을 만들 수 있지만 빛을 만들 수는 없다. 이들은 미덕의 조합으로 사랑을 만들 수 없다.

사랑은 하나님의 은혜로만 가능하다. 왜냐하면 사랑은 결과이고, 우리가 올바른 조건을 충족할 때에만 그 결과를 얻을 수 있기 때문이다. "그분께서 우리를 먼저 사랑하셨기 때문에 우리는 하나님을 사랑한다." 이 모든 것의 핵심은 '때문에'다. 드러먼드는 그분의 사랑으로 우리가 사랑할 수 있게 되었다고 주장했다.

32

《데이비드 브레이너드의 생애와 일기》
The Life and Diary of David Brainerd
조나단 에드워즈(1703-1758) 지음

브레이너드(1718-1747)는 주 예수 그리스도를 위하여 찬란하게 불타올랐지만 생명이 짧았던 촛불로 비유된다. 그는 30세가 되기 전에 죽었다. 하지만 그의 일기를 통하여 수천 명의 사람들에게 영향을 미쳤고, 따라서 살아 있을 때보다 죽은 뒤에 더 유명해졌다. 그는 에드워즈의 딸과 약혼했기에 조나단 에드워즈의 집에서 세상을 떠났다. 사실 에드워즈는 브레이너드가 죽은 방식뿐만 아니라 그가 남긴 일기로 그의 신앙에 대해 너무나 깊은 인상을 받아서, 1749년에 사역 및 선교의 성공하는 올바른 길을 보여 주기를 바라면서 자신의 논평과 함께 그의 일기를 출간하기로 했다. 그리고 이 일기는 지난 두 세기 동안 바로 그 일을 성공적으로 해냈다.

의미심장한 개종이라고 설명될 수밖에 없는 체험을 한 뒤 브레이너드는 하나님의 열광적인 제자가 되었다. 그는 하나님에 대한 제어할 수 없는 열정 때문에 예일대학에서 퇴학을 당하기까지 했다. 그는 독학으로 공부하고, 설교를 할 수 있는 자격을 얻었으며, 스코틀랜드 복음전파회에 의해 미국 인디언의 선교사로 임명되었다. 그는 하나님과의 교제를 열망했으며, 하나님을 찾기 위하여, 그리고 인디언들의 개종을 위하여 오랜 시간 동안 기도했다. 다음은 그가 1744년 7월 22일 안식일에 쓴 일기다.

내가 깨어나자 나의 영혼은 내 앞에 놓인 일로 괴로워했다. 나는 하나님께 부르짖은 다음에야 침대에서 일어날 수 있었다. 나는 옷을 입자마자 나의 괴로운 마음을 하나님께 쏟아 붓기 위하여 숲으로 향했다. 특히 나의 중대한 일을 도와달라고 기도했다. 그 밖의 일을 거의 생각할 수 없었기 때문이다. 그러자 나는 지난밤과 같이 동일한 자유함과 열정을 누렸다. 그리고 말로 형용할 수 없는 자유함으로 삶이나 죽음이나 이교도들 가운데 그분이 나에게 명하신 모든 고난을 위하여 살게 해 달라고 자신을 또 한 번 하나님께 맡겼다. 그래서 어떤 것도 이 축복받은 일을 하지 못하도록 나를 방해할 수 없는 것처럼 느꼈다.

그러나 브레이너드는 그날 인디언들에게 설교하는 데 거의 성공하지 못했다고 기록하며, 다음과 같은 내용으로 그날의 일기를 마쳤다. "나는 아주 무력하고 지쳤으며, 나의 영혼은 당혹감에 낙심했다. 하지만 나는 이 감정을 극복하고, 사탄은 포기하라고 유혹하지만 이교도들의 개종을 위하여 하나님의 때를 기다리기로 결심했다." 그런데도 그는 복음 전도를 위하여 말을 타고 4,800킬로미터가 넘는 거리를 여행하며 계속해서 선교에 힘썼다. 1745년과 1746년에는 그가 "놀라운 은혜의 역사"라고 표현한 어느 정도의 성공을 거둘 수 있었다.

어떤 이들에게는 조나단 에드워즈가 브레이너드에 대해 한 논평이 불필요하거나 고심한 흔적이 있는 것으로 보일지도 모른다. 하지만 그의 논평은 무척 소중하다. 왜냐하면 에드워즈는 가장 위대한 미국 신학자요 철학자 가운데 하나였을 뿐만 아니라 뛰어난 영적 통찰력을 지닌 인물이었기 때문이다. 그러나 이 책의 출판물에 에드워즈의 편집 후기가 포함되어 있든 그렇지 않든 이 책은 무척 귀중한 책이다.

이 책은 살아 계신 하나님을 누리고, 그분께 영광을 돌리기 위한 대단한 열정을, 인디언들이 주 예수님을 알고 사랑하게 하고자 하는 엄청난 열망과 결합시켜 준다. 이 책은 신비주의와 선교, 거룩함과 복음 전도, 진실성과 열정을 담고 있다.

33

《애정의 영성》
The Religious Affections
조나단 에드워즈(1703-1758) 지음

에드워즈의 가르침에서는 '머리'와 '마음'을 분리시키지 않는다. 그는 설교가와 목사로서 철학과 영성에 능통한 지적 거장이자 영적 거장이었다. 매사추세츠 주 노샘프턴에서 그가 목회할 때 1734년부터 1735년까지 대각성 운동이 있었고, 1740년부터 1741년까지 조지 휫필드(George Whitefield)가 있을 때 또 한 번의 대각성이 있었다. 그는 많은 사람이 그리스도께로 회심하는 것을 보았고, 대각성에서 많은 감격과 열정을 체험하고 목격했다.

이런 면밀한 관찰과 목회적 몰입은 깊은 신학적 능력과 함께 《애정의 영성》을 집필하는 데 크게 도움이 되었다. 그는 이 책에서 참된 종교의 내적 현실과 영성을 명확하게 단언하고 묘사했다. 그는 다음 글로 서문을 시작한다.

인류에게 다음 의문보다 더 중요하고 모든 사람이 깊이 생각해야 할 것은 확실히 없다. 하나님의 총애를 받고, 그분의 영원한 상을 받을 자격이 있는 사람들의 구별되는 특징은 무엇인가? 또는 결국 마찬가지 질문이지만, 참된 종교의 특성은 무엇인가? 또한 하나님 앞에 용납 가능한 그 미덕과 거룩함의 구별되는 특징이 어디에 있는가?

따라서 그의 주요 과제는 참된 기독교와 가짜 기독교 또는 진짜 종교와 거짓 종교를 면밀히 구분해 내는 것이었다. 그래서 이 연구에서 우리는 인간 영혼이 예수 그리스도 안에서, 또는 그리스도를 통하여 하나님과 맺은 관계에 대해 깊고, 감동적인 숙고로 이끌린다.

에드워즈와 같은 위대한 사상가가 진정한 기독교를 주로 '애정'에서, 또는 에드워즈의 말을 빌리자면 "뜨거운 마음속에 자리잡은 강력한 의지의 활동"에서 찾는다는 것이 어떤 이들에게는 놀라울지도 모른다. 그는 "열심을 품으라"는 명령에 반응하고 "경건의 능력"을 갖는 것이 하나님을 두려워하는 마음, 열렬한 소망, 완전한 사랑, 악에 대한 혐오, 하나님의 임재하심과 영광에 대한 열망, 주님 안에서의 기쁨, 죄에 대한 슬픔, 자비에 대한 감사, 죄인들을 위한 긍휼, 그리고 주님의 영광을 위한 열정으로 가득 차는 것이라고 확신했다.

하지만 그는 참된 종교로 보였지만 전혀 그렇지 않았던 애정의 행위를 흔히 증거했다. 따라서 그는 면밀한 성경 지식과 목회 관찰 결과를 기초로 하여 참된 것과 거짓된 것을 분석한다. 그는, 진정한 애정은 기독교식 예배와 주님의 계명을 실제로 지키는 것에서 열매를 맺는다고 시종일관 주장한다. 그래서 그의 분석이 예를 들어 최근에 주로 은사 부흥이라 불리는 것을 체험한 교회에서 유용성이 입증되었다는 사실이 놀랍지 않다.

34

《회상록》
Reminiscences
트리니티의 엘리자베스(1880-1906) 지음

엘리자베스 카테즈(Elizabeth Catez)는 북부 프랑스 아보르에서 태어났으며, 수녀원에서 5년밖에 섬기지 못하고 26세의 나이로 디종의 카멜에서 세상을 떠났다. 그녀의 짧은 생애는 거룩한 사랑 안에 하나님과 연합하고자 하는 그녀의 열망으로 소진되었다.

그녀는 날마다 다음과 같이 기도했다.

오 신령한 주님, 나의 생애가 나의 직업이나 쾌락이나 고난이든 그 무엇도 나를 당신으로부터 마음을 흐트러뜨리지 않도록, 그리고 내가 주님 안에 열중할 수 있도록 끊임없는 기도가 되도록 해 주소서. 엘리자베스가 사라지고 다만 주님만 남도록 나의 전부를 바칩니다.

그래서 그녀는 명실상부하게 수녀가 되자 예수, 즉 우리가 삼위일체의 신비로 관계를 맺는 성육신(Incarnate God)을 묵상하는 데 전적으로 몰두했다. 그녀는 이렇게 기록했다. "기도는 휴식이자 기분 전환이다." "사람은 마음을 열도록 하면서 그가 사랑하는 하나님께 전적인 천진난만함으로 마치 어린 아기가 어머니의 품에 안기듯이 그분의 품에 안겨야 한다.……갈멜 산 수도자에게는 일이 한 가지밖에 없는데, 그것은 사랑하고 기도하는 것이다."

그녀의 병이 점점 더 악화되어 가는 가운데에도 엘리자베스는 서신을 많이 썼으며, 묵상회를 개최하고, 이를 위해 글을 쓰겠다고 끝까지 고집했다. 이 서신과 그녀의 묵상회는 그녀의 영성과 인격의 깊이를 나타낸다. 그리고 이것들은 Conrad de Meester가 편집한 *The Complete Works*에서 볼 수 있다.

그녀는 "전적으로 거룩한 삼위일체께 드리는 기도문"을 낡은 종이쪽지에 썼으며, 그녀가 죽은 다음에 발견되었다.

오 나의 하나님이시여, 내가 흠모하는 삼위일체시여, 마치 나의 영혼이 이미 영원한 천국에 있듯이 고요하고 평화롭게 당신 안에 거할 수 있도록 나 자신을 완전히 잊어버리게 하소서. 그 무엇도 나의 평안을 방해하거나 당신에게서 나를 떼어 놓지 못하도록 하소서. 오, 변함 없으신 나의 하나님이시여, 매 순간마다 당신의 신비의 깊이로 한층 더 깊이 들어갈 수 있도록 하소서!

나의 영혼의 갈망을 채우소서. 그것을 당신의 천국, 당신의 소중한 안식처이자 휴식하는 곳으로 만드소서. 그곳에 당신을 결코 혼자 내버려 두지 않게 하소서. 언제나 주의를 기울이고, 나의 믿음 안에서 언제나 깨어 있으며, 언제나 당신을 경배하고, 당신의 창조 행위에 완전히 몰두할 수 있게 하소서.

그녀는 차례대로 삼위일체의 각 인격을 언급함으로 이어서 말하며, 다음과 같이 끝을 맺는다.

오 나의 전부, 나의 팔복, 영원히 혼자이시며, 나 자신을 잃게 하는 무한하신 분, 나의 '삼위일체시여,' 잡아먹힐 먹이와 같이 나 자신을 당신께 바치나이다.

당신의 화려함의 심연을 묵상하도록 나 안에서 당신을 에워싸소서.

이 기도문은 디종의 카멜에서 짧지만 의미 있는 삶을 살면서 직접 집필한, 간단하지만 흥미로운 기록을 통하여 너무나 밝게 빛나는 그녀의 영성을 요약한 것이라고 하겠다.

35

《자서전》
Autobiography

찰스 G. 피니(1792-1875) 지음

변호사, 목사, 교사, 그리고 대학교 총장을 지내기는 했지만 피니는 특별히 복음 전도사로서 많은 사람을 그리스도께로 이끈 인물로 기억된다. 종교적 대각성은 그의 성인기에 최우선 순위였으며, 그의 가장 큰 열망은 죄인들을 예수님께 귀의하도록 돕고, 그분의 재림을 대비하여 일하도록 하는 것이었다. 그는 19세기 전반의 미국 생활에 매우 중요한 인물이었다.

그가 집필한 《종교의 대각성에 관한 강의》가 고전이라 불릴 수도 있지만, 자서전으로 출간된 그의 전기를 먼저 읽어 보아야 하며 그 자체도 고전이다. 1821년 10월 10일에 일어난 그의 개종 이야기는 강한 흥미를 느끼게 하는 문학 작품이다. 여기서 그는 "주 예수 그리스도에게서 그분의 소명을 변호하라는 변호 의뢰"를 받았기 때문에 어떻게 유망한 변호사 직업을 떠나도록 부름을 받았는지에 관해 설명한다.

그가 그리스도께로 개종한 체험은 성령의 세례를 동반했다.

나의 마음속에 샘솟은 놀라운 사랑을 어떤 말로도 형용할 수 없다. 나는 기쁨과 사랑이 넘쳐 큰 소리로 울었다. 그리고 확실히 모르지만 나의 마음속의 말로 표현할 수 없는 용솟음쳐 나오는 감정을 글자 그대로 퍼부었다고 말해야겠다.

이 성령의 파도가, 내가 회상하건대 이렇게 부르짖을 때까지 계속해서 나를 덮치고 또 덮쳤다. "이 파도가 계속해서 나를 덮치면 죽으리라." 나는 이렇게 말했다. "주님 더 이상 견딜 수 없습니다." 그런데도 죽음이 두렵지 않았다.

목사로 임명받고, 신학 교육을 받은 뒤 그의 복음 전도 생애는 이윽고 뉴욕 북부 지방에서 시작되었다.
20년이 넘은 뒤에도 그는 여전히 성령의 세례를 체험하고 있었다. 1843년 보스턴에서 글을 쓰던 그는 다음과 같이 회상했다.

이 겨울에 주님은 나의 영혼에 신선한 성령의 세례를 주셨다. 나는 말보로 호텔에 투숙했고, 나의 서재와 침실은 채플 건물의 한 코너에 있었다. 나의 마음은 기도에 몰두했다. 보스턴에서 나는 엄청나게 많은 기도의 영을 부여받았다. 하지만 이번 겨울에는 나의 마음이 개인적 성화(personal holiness)라는 문제, 교회의 상태, 교회의 하나님의 능력에 대한 필요, 보스턴 내 정교회의 약함, 그리고 이들의 믿음의 약함에 대하여 몹시 고민했다. 그 도시의 잘못을 극복하는 데 거의 진전을 이루지 못하는 사실이 나의 마음에 큰 악영향을 미쳤다.

이어서 그는 새벽 4시에 일어나서 아침식사를 하는 오전 8시까지 자주 기도하곤 했다는 것을 이야기한다.
그는 "부흥은 교회가 타락한 상태에 빠져 있다는 것을 전제로 하며, 따라서 교회가 타락에서 회복되고 죄인들의 개종하는 데 있다. ……부흥은 단지 하나님께 순종하는 새 출발에 지나지 않는다."라고 가르쳤다. 이 책은 능동적인 삶이 많은 기도로 뒷받침되어야 한다는 것을 보여 주는 유익하고 자극적인 책이다!

36

《작품집》
The Works
아시시의 성 프랜시스(1182-1226) 지음

이 유명한 성자에 대하여 많은 책이 나와 있지만 정작 본인의 글은 극소수만 남아 있다. 그의 모든 작품이 단편이므로 주 예수님을 닮아 가려 하면서 가난한 생애를 보낸 그의 마음과 정신 속에 무엇이 있었는지 통찰을 얻으려 한다면 한데 묶어서 한꺼번에 읽는 것이 가장 좋다. 프랜시스는 프란체스코 수도회, 클라라회, 그리고 평신도를 위한 회개회(오늘날 프란체스코 재속회라 알려짐)의 창시자. 하지만 그의 그리스도와 같은 삶에서 나오는 사람의 마음을 끄는 힘이 모든 사람으로 하여금 그들의 삶을 예수님께 바치도록 지금도 인도하고 있다.

《작품집》은 ① 기도와 찬양, ② 28편의 권고, ③ 9편의 서신, ④ 프란체스코 수도회의 총회장직을 사임했을 때 집필한 그의 유언, ⑤ 수도회의 제1회칙과 제2회칙으로 분류될 수 있다.

〈기도와 찬양집〉에는 어떤 살아 있는 사람도 피할 수 없는 달 자매, 바람 형제, 물 자매, 브롬에 대해 들려주는 "태양 형제와 피조물의 노래"와 같이 널리 사랑받은 찬양도 포함되어 있다. 〈찬양집〉에는 불 형제와 지구 어머니뿐만 아니라 '어떤 사람도 피할 수 없는 육신적인 죽음 자매'에 대해서도 노래한다. 〈권고집〉에는 육신적 금욕의 주제에 관한 다음과 같은 짧은 글이 있다.

자신이 잘못을 하거나 아픔을 겪을 때마다 원수나 이웃을 항상 탓하는 사람들이 많이 있다. 이것은 옳지 않다. 왜냐하면 모든 사람은 그의 원수를 자력, 즉 죄를 범하는 자신의 육신의 지배 아래 두고 있기 때문이다. 그런 원수를 끊임없이 억제하고 그에 대항하여 자신을 지혜롭게 지키는 종은 복이 있다. 그가 이렇게 하는 한 그 외에 어떤 원수도 그를 해할 수 없기 때문이다.

또한 악덕을 내쫓는 미덕에 관해 다음과 같이 생각했다.

사랑과 지혜가 있는 곳에는 두려움이나 무지도 없다. 인내와 겸손이 있는 곳에는 분노나 속상함도 없다. 기쁨이 동반된 가난이 있는 곳에는 욕심이나 금전적 탐욕도 없다. 평안과 묵상이 있는 곳에 불안이나 의심도 없다. 주님께 대한 경외심이 감시하는 곳에 원수가 출입문을 찾을 수 없다. 자비와 절제가 있는 곳에 방종이나 난폭함도 없다.

프랜시스가 쓴 대부분의 내용은 빨리 읽기보다 오랜 시간 동안 심사숙고해 보아야 한다.
그렇지만 그의 삶의 질이 그가 쓴 글에 무게와 힘, 그리고 능력을 실어 준다. 따라서 그의 글을 영적 독서와 묵상을 위하여 실제로 사용하기 전에 이 성자의 자서전(체스터턴이 집필함)을 읽어 볼 것을 권장한다(또한 앞에 실린 18번 보나벤투라가 쓴 《성 프랜시스의 생애》도 참조하라).

37

《경건한 삶으로의 안내》
An Introduction to the Devout Life
살레스의 성 프랜시스(1567-1622) 지음

이 제네바의 로마 가톨릭 주교는 이 책에서 교양 있는 평신도를 위하여 다른 사람들이 목회자, 수사와 수녀들에게 설명했던 내용을 제시한다. 경건은 주부든, 병사든, 상인이든, 농부든 모든 사람을 위한 것이다. 이 책은 1609년에 나왔으며 즉시 대부분의 유럽어로 번역되었다.

프랜시스는 그 밖의 수많은 주제에 관한 지혜로운 말과 함께 참된 헌신이 무엇인지를 설명하고, 묵상하고 기도하는 법을 보여 준다. 또 순결한 마음이 무엇이며 그것을 달성하는 법을 가르치고, 참된 미덕의 성질과 그것을 실천하는 법을 설명하며, 사탄이 언제나 주는 유혹과 그것들을 직면하는 법을 지적한다.

그는 서문에서, 자신이 제시하는 것은 단지 거룩함의 실천을 위한 전통적인 안내를 새롭게 배열한 것에 불과하다고 설명했다. "나는 이 주제에 관하여 나의 선배들이 이미 출간한 것을 이 책에 쓸 수도 없고, 그것을 바라지도 않으며, 쓰지 않는 것이 당연하다. 그 내용은 내가 제시하는 것과 똑같은 꽃이다. ……다만 내가 그것들로 만든 부케(꽃다발)가 그들이 만든 것과 다를 뿐이다. 내가 만든 꽃다발은 다르게 배열되어 있기 때문이다." 즉 평신도를 위해 집필되었기 때문이다. 그의 내용 배열은 1609년부터 현대까지 수많은 세대에 걸쳐 수많은 사람에게 흥미를 끌었다. (나는 최근에 Hodder & Stoughton이 개신교도들을 위해 출판한 이 책의 새 영문 번역본을 편집하는 영광을 얻었다.)

다음은 프랜시스의 전형적인 글이다.

> 사람이 처할 수 있는 최악의 상태 중의 하나는 비웃는 사람이 되는 것이다. 하나님은 이 악덕을 상당히 싫어하시며, 과거에 이에 대한 이상한 벌을 부과하셨다. 우리 이웃에 대한 경멸과 비웃음보다 더 사랑과 특히 헌신과 극명하게 상반되는 것은 없다. 이 경멸 없이 조롱과 비웃음을 결코 탐닉할 수 없다. 따라서 이는 아주 큰 죄이다. 신학자들이 비웃음은 우리 이웃에게 말로 범할 수 있는 범죄 중에 가장 최악이라고 말한 것이 옳다. 다른 죄는 상대방을 어느 정도 존중하면서 범하지만 이 죄는 경멸과 비웃음으로 범하기 때문이다.

이 책의 아주 실제적인 특성 이외에 또 다른 매력적인 특징은, 그가 사용한 것으로서 누구나 알고 있고, 자연스러운 실례다. 그는 알프스 산맥을 거쳐 수천 킬로미터를 말을 타고 다니면서 여행했고, 새, 곤충, 동물, 그리고 식물의 삶을 관찰했다. 그래서 영적, 윤리적 진리를 실례를 들어 설명하기 위해 그의 관찰을 사용했다.

프랜시스는 로마 가톨릭교로 다시 개종하려고 했지만, 존 칼빈이 이끈 제네바 종교 개혁을 통하여 개신교도가 된 사람들과 17세기 이래 오늘날까지 많은 개신교도들은 그의 글 덕분에 그들의 영성에 많은 도움을 받았다.

38

《하나님의 사랑에 관하여》
On the Love of God
살레스의 성 프랜시스(1567-1622) 지음

그가 1608년에《경건한 삶으로의 안내》를 집필하면서 또 하나의 책이 필요하다는 것을 느꼈다. 이 책은 그것의 속편이자 동시에 성격상 더 본질적이고, 목적상 더 강화되었다. 1616년에 *On the Love of God*이 나오기까지 그는 7년 동안 이 작품을 집필하는 데 힘썼다.

이 책은 확실히 영적 성숙을 갈망하며, 책을 읽으면서 정신적으로나 영적으로 성장할 준비가 되어 있는 사람들을 위한 책이다. 이 책은 마음과 정신, 그리고 의지로 하나님을 완전하게 사랑하는 데 몰두했던 영적 천재의 펜으로 쓴 작품이다. 이는 전심과 전 인격이 하나님의 사랑 안에 에워싸여서 이루어진 신학이다. 보다 엄밀히 말하자면, 이 책은 과부 샹탈에게 묵상 기도의 더 높은 차원을 화려하면서 명확한 문체로 설명하기 위해 집필되었다. 그는 하나님의 손으로부터 온 모든 것을 받아들이라고 가르친다. 즉 하나님의 섭리를 기쁨으로 받아들이라고 한다.

"명상은 묵상보다 더 고차원적인 기도"라는 아빌라의 성 테레사의 말을 받아들이면서 그는 다음과 같이 설명했다.

묵상은 패랭이꽃, 장미, 로즈메리, 백리향, 히아신스, 그리고 오렌지 꽃을 차례차례 냄새 맡는 것과 같다. 명상은 이 모든 꽃으로 이루어진 향수가 담긴 물의 냄

새를 맡는 것과 같다.

후자의 사람은 단번에 그 모든 향기를 함께 맡는다. 그 반면에 전자는 그 향기를 개별적이고 독특하게 느꼈다.

차례대로 따로따로 맡은 냄새로 이루어진 이 모든 향기의 혼합에서 오는 이 한 가지의 독특한 향기가 더 달콤하고 소중하다는 것은 의심의 여지가 없이 확실하다.

그래서 신성한 배우자는 그의 사랑이 그녀의 눈으로 한 번만 그를 쳐다보고, 그녀의 머리카락이 너무나 잘 땋아 내려서 마치 하나의 머리처럼 보일 때 이를 그렇게 높이 평가하는 것이다(아 4:9).

여러 번 쳐다보지 않고 단 한 번의 주의 깊은 시선으로 배우자를 보는 것이 그를 한 눈으로만 쳐다보는 것 외에 무엇을 의미하겠는가?

그녀의 생각이 수많은 서로 다른 고려 대상으로 흩어져 있지 않는 한 이 땋은 머리를 하고 다니는 것이 무엇을 의미하겠는가?

하나님을 사랑하는 그 수많은 동기를 곰곰이 생각해 보고, 이들의 시선을 단 한 번의 눈짓으로 줄이고, 이들의 모든 생각을 하나의 결론으로 줄여서 그들의 마음을 명상의 단일체에 쉬도록 한 그 사람들은 얼마나 행복한 것인가!

아시시의 성 프랜시스는 "오 하나님, 당신은 나의 하나님이시며, 나의 전부이십니다."라고 기도했을 때 이 단계에 도달했다.

이 긴 글의 마지막 단원의 제목은 "갈보리 동산이 참된 사랑의 학교다"이며 저자의 주안점 중의 하나를 잘 요약한다. 우리는 십자가 아래에서 주 예수 그리스도와 함께, 그분 안에서, 그리고 그분을 통하여 하나님을 명상하면서 십자가에 달리셨다 부활하신 하나님을 가장 사랑한다. "오 예수의 마음의 더없는 사랑이여, 어떤 마음이 당신을 더 축복할 수 있겠는가!"

39

《천국에 계신 그리스도의 마음》
The Heart of Christ in Heaven
토마스 굿윈(1600-1680) 지음

조합 교회와 칼빈 신앙에 전념한 굿윈은 1650년대 옥스퍼드 막달렌 칼리지의 총장이었다. 학술적인 글과 묵상의 글을 둘 다 담고 있는 그의 《작품집》은 그가 죽고 난 지 얼마 되지 않아 5권의 전지 2절판으로 나왔고, 그 이후로 전체적으로 또는 부분적으로 수없이 재판되었다.

그의 가장 감동적인 묵상 작품 중의 하나는 처음에《지구상에 죄인들을 향한 천국에 계신 그리스도의 마음》 또는 《지금 영광중에 계신 인성 안에서의 그리스도의 은혜로운 뜻과 친절하신 애정을 증명하는 논문》(1651)이라는 제목으로 출간되었다. 이 책은 더 짧은 제목인《천국에 계신 그리스도의 마음》으로 더 잘 알려졌으며, 현대판 작품집의 제4권에 들어 있다.

굿윈이, 하나님 아버지의 오른편에 앉아 계셔서 우리를 위하여 중보 기도하시는 예수님의 부활과 승천에 관한 다른 논문도 집필했으므로 이 논문에서 이 기초를 당연한 일로 생각했다.

자신의 말로 그의 과업은 "지금 천국에서 하나님의 오른편에 앉아 계시면서 우리를 위하여 중보 기도하시는 그리스도의 마음을 폭로하고, 그에게로 실제로 오는 지상의 죄인들을 향해 이 사실이 어떤 영향을 받고, 자비롭게 결말을 지으셨으며, 그들을 얼마나 받아들일 의향이 있는

지, 그들을 얼마나 환대할 준비가 되셨는지, 그들의 모든 나약함 속에서도 이들을 불쌍히 여길 정도로 얼마나 친절하신지……"를 보여 주기 위함이었다.

그리고 이 맥락에서 그분이 지금 영광중에 계시더라도, 그분의 마음이 이들을 향해 얼마나 상냥하고 친절한지를 알 때 신자들이 더 담대하게 '그런 구세주이자 대제사장의 은혜의 보좌로' 나오도록 진심으로 격려하기 위해서다.

바꿔 말하면 그 자비와 긍휼에 대하여 그의 마음은 지상에 계실 때와 동일한 상태를 유지하고 계시며, 그분은 당시에 그랬듯이 지금도 온화하시고, 친절하시며, 쉽게 간청을 들어주신다는 것이다.

이것은 영국 청교도 영성의 전형적인 실례다.

무엇보다도 먼저 예수님께서 그분의 승천 후 삶과 죄인들을 대신하는 역할에 대하여 죽기 바로 전(요 14-16장)과 부활 이후에 하신 말씀에 관한 성경적인 해설이 있다. 그런 다음에 이는 사도들의 가르침, 그 중에서도 특히 히브리서에 그리스도의 현재 역할에 대해 하신 말씀과 관련하여 확대한다.

하지만 성경 자료는 그저 흥미로운 고대 가르침으로 다루어지지 않는다. 가르침과 교리의 '용도'는 주석을 달아서, 특히 천국에 계신 그리스도를 향한 순례 여행을 하는 중인 신자들의 마음에 철저하게 적용된다.

그러므로 이 책은 이해하기 어렵지는 않지만 그다지 인기 있는 책이 아니다. 이 책은 이 세상에서 격려와 위로, 그리고 영적 및 윤리적 인도를 찾고 있는 영광 속에 계신 승천하신 그리스도의 인간을 향한 태도가 무엇인지 진정으로 알고 싶어하는 사람들을 위한 책이다.

40

《모세의 생애》
The Life of Moses
닛사의 그레고리(c.330-395) 지음

371년경에 그의 형인 대 바실(Basil the Great)에 의해 닛사라는 작은 마을의 주교로 임명된 그레고리는 기독교 삼위일체론적 정교회(381년, 콘스탄티노플 의회와 관련됨)의 옹호자와 변호자가 되었다. 그 이후로 말년에는 영적 생활의 신학자로 활동했다.

《모세의 생애》는 대략 391년경에 출간된 것으로 추정된다. 이 책에서 그는 성경에 나오는 모세(성경에서 '하나님의 친구'라 불림, 출 33:11) 이야기를, 크리스천이 부름을 받은 영적 상승의 비유 또는 우화로 사용한다. 이는 죄악됨에서 거룩함으로, 불완전함에서 완전함으로의 상승이다. 하나님과의 만남 또는 하나님과의 대면은 '구름 속에서' 이루어진다. 즉 하나님은 완전히 눈에 보이지 않으며, 인간의 눈에 불가해하고, 인간의 마음으로 접근하기 어렵기에 창조받은 눈으로는 볼 수 없는 만남이다. 신성한 은혜와 개인적인 절제, 기도와 정화를 통하여 헌신적인 크리스천이 '영적 감각'을 습득하고, 이것에 의해 그가 하나님을 만나게 되기 때문에 이런 대면이 가능하다. 그렇다면 상승 중에 각 단계가 순결하고 참된 사랑이신 하나님의 무한하심과의 더 풍요롭고, 더 깊은 만남인 가운데 하나님과의 교제는 '영광에서 영광으로의' 끊임없는 상승이다.

모세의 고결한 생애를 이야기한 뒤 그레고리는 그 생애를 묵상한다. 여기서 그가 오늘날 서방 교회에 흔하지 않은 방식으로 성경을 해석하는 것을 발견하게 된다. 그는 모세 이야기의 기본적인 요소에서 영적, 도덕적 진리를 설명하기 위하여 비유적인 해석 방법을 사용한다.

예를 들어 모세를 입양한 바로의 딸은 한 사람이 강하게 집착할 수 있는 세속적인 철학을 가리키는 것으로 제시된다. 그 반면에 광야에 있는 불타는 나무의 빛은 복음 안에서 하나님의 진리의 빛으로 해석된다. 성경의 주요 목표가 영혼을 하나님께 들어 올린다는 것이 그가 살던 시대의 교회에서의 일반적인 시각이었다.

이 책의 실제 문체와 내용은 영적 생활에 관한 일반적인 서방 책과 너무나 달라서 그리스 교부 신학이나 가르침에 익숙하지 않은 독자는 쉽게 오해할 수 있다. 이는 유감스러울 것이다. 동방 기독교 접근이 열성적인 영혼이 살아 계신 하나님을 찾기 위해 들어갈 수 있는 바로 그 문이 될 수 있기 때문이다.

하지만 그레고리가 쓰는 모든 것이 신비롭지는 않다. 이 책은 다음과 같이 끝을 맺는다.

이것이 참된 완전함이다. 노예와 같이 심판을 두려워해서 사악한 삶을 피하거나 마치 사업적이거나 계약상의 합의로 고결한 삶에서 이익을 얻듯이 상을 소망해서 선행을 하지 않는 것이다. 그 반대로, 우리가 소망하고 약속으로 예정된 모든 것을 제외하고, 하나님의 우정에서 멀어지는 것만 두려운 것으로 간주하고, 하나님의 친구가 되는 것만 존경하고 갈망할 만한 가치가 있다고 고려하는 것이다.

41

《트라이어드》
The Triads
그레고리 팔라마스(1296-1359) 지음

수도사, 대주교, 그리고 신학자인 그레고리 팔라마스는 헤시키아(hesychia)—묵상과 기도에 헌신된 은자의 삶—로 알려진 영성의 형태의 위대한 옹호자가 되었다. 그의 항변은 *For the Defence of Those who practice Sacred Quietude*라는 제목이 붙은 1338년과 1341년에 출간된 세 권으로 이루어진 세 그룹(따라서 *The Triads*)으로 간행되었다. 그레고리는 칼라브리아의 바를라암의 비판에 필수적이 된 그의 글에 대해 아토스 성산의 수사들의 전폭적인 지원을 받았다.

많은 크리스천은 헤시키아가 전심을 다하여 '예수 기도'(주 예수 그리스도시여, 죄인인 나를 불쌍히 여기소서)를 암송하는 것과 연관되어 있다는 것밖에 모른다. 하지만 헤시키아란 전 인격, 몸과 영혼이 관여하는 명상 및 묵상 기도로 하나님을 체험하는 방법이다. 또한 그리스 수도원에 머물렀던 적이 있다면 그 진가를 인정하기가 훨씬 쉽다!

그레고리 팔라마스는 영혼만이 아닌 영혼과 몸으로 참된 기도 안에서 하나님을 체험할 것을 강조했다. 그는 성육신 안에 하나님의 말씀이 인류를 신격화했다고 설명했다.

그래서 이와 마찬가지로 영적 사람 안에서 영혼을 통하여 육신에 전달된 성령의 은혜는 육신에게도 신성한 체험을 부여하며, 영혼이 받는 것과 똑같은 축복된 체험을 하도록 한다.

예를 들어 육신의 신격화는 첫 번째 순교자인 스데반의 얼굴이 높여준 주 예수님을 환상 중에 보았을 때 빛난 방식에서 드러난다. 따라서 육신과 영혼의 일치와 전 인격에 의한 하나님의 체험으로 인하여 수사들에 의해 사용된 신체적인 훈련(예를 들어 기도의 리듬에 따라 숨쉬기)이 정당화된다.

그는 묵상 기도 속에서 신성한 빛을 '본다'는 수사들의 주장을 다음과 같이 설명하고 변호했다.

이 빛이 충실하고 완전한 신도들의 마음속에 지금도 비추는 것을 보지 못하는가? 이것이 지식의 빛보다 얼마나 더 우월한지를 보지 못하는가? 이는 그리스 철학을 공부하는 데서 오는 지식과 아무런 상관이 없다. ……이 묵상의 빛은 '어두운 곳에 비치는 등불'과 비견될 수도 있는 성구에서 오는 빛과도 다르다. 그 반면에 신비적 명상의 빛은 대낮에 비치는 아침의 별, 즉 태양과 비견된다.

이는 그리스도가 산상에서 변형되었을 때 그분 안에서, 그리고 그분을 통하여 비친 빛이다.

분명 이 책은 '예수 기도'를 심각하게 사용하기 시작했거나, 그 기도문의 더 완전한 영성을 발견하고 싶어하거나, 헤시키아주의에 매력을 느껴 이에 대해 더 알고 싶어하는 사람들을 위한 책이다. (p.155의 성 마카리우스와 성 니고데모의 《필로칼리아》 참조).

42

《내면의 영혼을 위한 설명서》
Manual for Interior Souls

요한 니콜라스 그라우(1731-1803) 지음

    이 책은 프랑스 대혁명 중 안전을 위하여 파리에서 영국으로 피난 가기 직전에 그라우가 집필한 63편의 짧은 글을 집대성한 것이다. 이 글들은 그 떠들썩한 시대에 그에게 은밀히 찾아온 사람들에게 준 영성 지도의 요점과 본래 파리의 대주교를 위하여 썼던 자료를 담고 있다.

    주제는 종합적이다. 신학적 지식과 영적 통찰은 깊이가 있지만 읽기는 그리 어렵지 않다. 헌신과 미덕에 대한 철저한 정의뿐만 아니라 하나님께 진정으로 헌신하고, 미덕을 키우는 법에 대한 방법도 있다. 유혹이 어떻게 일어나고 그것에 직면하는 방법뿐만 아니라 하나님을 믿고, 그분 안에 안식하며, 그분을 두려워하고 사랑하며, 그분에게 자신을 전부 맡기는 것에 관한 가르침 등에 대한 설명이 있다!

    이 발췌문에서 그는 크리스천이 해야 하지만 듣고 싶지 않을지도 모르는 내용을 가르친다.

    우리는 영적 생활의 가장 큰 비밀 중의 하나가 성령이 빛과 신선함, 위안, 유연함, 그리고 기도의 용이함에 의해서뿐만 아니라 불분명, 무지, 무의식, 문제, 영혼의 번민, 슬픔, 비참함, 그리고 흔히 우리 모든 사악한 열정과 성질의 반란으로 우리를 인도하신다는 점을 잊지 말아야 한다. ……정말로 계몽된 영혼은 그분께서 자신이 피조물에 의해 시험을 받고, 유혹과 비참함에 압도당하도록 허용하실 때 하나님의 이 행사를 아주 존경한다. 또한 그는 이러한 것이 고난이라기보다 특권이라는 것과 다볼 산(예수님께서 변화하신 산—옮긴이)의 달콤함 속에서 살기보다 갈보리 십자가 위에서 죽을 것임을 상당히 잘 이해한다.

여기서 그는 흔히 영혼의 정화라 불리는 것에 대해 논한다. 하지만 그는 또한 읽고 심사숙고하면 기분이 좋아지는 영혼의 계몽과 사랑의 원천이신 하나님과의 교제를 원하는 갈망에 대해 할 말이 많다.

이 책은 그리스도 안에서 성숙해 가고 있는 사람이 도움과 격려를 얻기 위해 자주 볼 수 있는 책이다. 왜냐하면 이 책의 통찰이 일종의 목회 상담가나 영성 지도 신부의 역할을 할 수 있기 때문이다.

사실 영성 지도 신부에게서 어떤 특징을 찾고, 기대해야 하는지에 관한 글도 싣고 있다! 그러나 진정한 영혼의 안내자는 드물며 쉽게 찾을 수 없다는 점을 주의하라고 그는 시인한다.

그렇지만 그는 '안내자를 두는 것'이 필수적이라고 한다. 그는 "우리가 범할 수 있는 가장 큰 실수는 스스로를 인도하고자 하는 것이며, 우리가 빠질 수 있는 가장 큰 망상은 우리가 자신을 인도할 상태에 적격이라고 생각하는 것이다."라고 말한다.

그의 《하나님의 사랑에 관하여》(on the Love of God), 《참된 헌신의 징표》(Marks of True Devotion), 그리고 《영적 격언》(Spiritual Maxims)도 읽어 보라.

43

《크리스천의 전신갑주》
The Christian in Complete Armour
윌리엄 거널(1616-1679) 지음

거널은 35년 동안 라벤햄의 교구 목사였다. 그는 1662년에 공포된 기도 방식 통일령에 실제로 따랐던 청교도 목사 중의 하나였다. 이에 따라 그는 찰스 2세 밑에서 교구 목사직을 존속할 수 있었다.

우리는 그가 쓴 책 하나를 기억한다. 그 책은 대단히 훌륭하면서도 비교적 긴 책이며, 에베소서 6장 10-20절에 관한 사도 바울의 가르침에 대한 해설서다. 그 내용은 이 세상에서 사탄의 세력에 맞서 그리스도의 싸움을 하고 있는 크리스천에게 하나님께서 공급하신 갑옷에 관한 것이다. 《크리스천의 전신갑주》는 수년간의 연구와 묵상, 그리고 영혼의 보살핌 끝에 집필되었으며, 하나님의 세계, 교회, 그리고 사람의 삶 속에서의 사탄의 임재와 능력을 가장 심각하게 받아들인다.

거널은 사탄의 속임수와 능력과 같은 주제를 다룬다. 사탄이 신자를 어떻게 죄와 교만으로 타락시키는지, 주 예수를 통한 하나님께 대한 진정한 믿음의 능력과 그 중요성과 유혹을 이기는 믿음의 능력, 하나님의 말씀인 성경의 용도, 사탄과 전투 중 기도의 위치와 능력, 그리고 성령 안에서 기도하는 것과 타인을 위해 중보 기도하는 것이 어떤 것인지를 다룬다.

그는 기독교 생활을 영적 세력에 대항하는 전쟁으로서 극적이고 강력하게 묘사하지만, 기독교 생활의 다른 모델도 소홀히 하지 않는다. 예를 들어 다음과 같이 크리스천을 시온 산으로 향하는 순례자로 묘사하기도 한다.

> 참된 크리스천은 진보적이다. 그의 여정은 천국에 도달할 때까지 결코 끝나지 않는다.
> 이는 그를 항상 움직이게 하고, 그의 갈망과 노력 속에서 전진하게 한다. 그는 작은 은혜에 감사하지만 큰 은혜에 만족하지 않는다.
> 따라서 신실한 영혼은 이따금씩 하나님과 먼 거리에서 거래와 교제를 함으로 천국에서 작은 은혜와 위안을 받는 것으로 충분치 않다고 생각한다. 오히려 그는 풍요로운 물질이 오는 그 거룩한 땅, 그 축복받은 땅의 정복과 그 나라에서 나오는 포도주를 마실 것을 마음속에 그리며 묵상한다.
> 이는 날마다 전날보다 더 많은 은혜를 달성하고, 천국에 점점 더 가까이 올라가도록 영혼을 높고 고결한 기상으로 향상시킨다.

이 책은 17세기 영성이 세상 속에서 그리스도를 위하여 올바르게 살고, 이 세상의 악과 죄와 싸울 수 있도록 하늘에 계신 그리스도를 묵상하는 것을 강조한 점을 상기시켜 준다.

이 거널의 책에 대한 관심이 너무나 커서 최근에 한 출판사가 이제 현대화된 요약판을 제공하고 있다. 하지만 재판된 원판이 여전히 읽기에 가장 좋을 것이다.

44

《짧고도 쉬운 기도 방법》
A Short Method of Prayer
마담 귀용(1648-1717) 지음

자크 귀용과의 결혼생활이 불행했던 종 모뜨(née Bouvier de la Motte)는 기독교의 혹독한 훈련 안에서 위안을 찾았다. 많이 사랑하도록 강요를 당하고, 그녀 주변에 사랑할 것을 아무것도 찾지 못한 그녀는 먼저 결혼한 여자로서, 그리고 나중에는 1676년 남편이 죽은 후 과부로서 하나님께 그녀의 사랑을 바쳤다.

그녀는 1668년에 있었던 개종 체험에 대해 이야기하면서 이런 글을 썼다.
"오, 나의 주님, 당신은 나의 마음속에 계셨고, 내가 당신의 임재를 느낄 수 있도록 내 마음속 깊숙이 되돌아올 것만 부탁하셨습니다. 오, 무한히 선량한 분이시여, 당신은 너무나 가까이 계신데 나는 당신을 찾지 못하고 주님을 찾아 여기저기 뛰어다녔습니다!"
1685년에 그녀는 영어 이름으로는 《짧고도 쉬운 기도 방법》으로 알려진 *Moyen court et très facile pour l' oraison*을 출간했다. 그녀는 이 책에서 하나님에 대한 순수한 묵상으로 이끌 짧고도 쉬운 기도 방법을 모든 사람이 손에 넣을 수 있도록 만들려고 했다.

어떤 사람들은 묵상 기도에 관해 들으면 마음이 무감각하고, 마비되며, 작용하지 않는 것으로 잘못 생각한다.

그러나 논의할 여지가 없이 그 속에서 이전보다 더 고결하고 활발하게 움직인다. 왜냐하면 하나님 자신이 마음을 움직이시는 분이며, 마음이 이제 그분의 성령의 힘으로 움직이기 때문이다.

그렇다면 오히려 무용을 장려함으로 우리를 움직이는 교리인 하나님의 영에 대한 완전한 의존을 불러일으킴으로써 우리는 가장 활발한 활동을 촉진한다. 그분 안에서 우리가 살고, 움직이며, 존재하기 때문이다.

따라서 우리 활동은 영원한 말씀의 모든 행사에 가장 적응성이 있는 거룩한 느낌에 가장 민감한 상태를 손에 넣고 유지하는 것으로 이루어져야 한다.

화판이 불안정한 가운데 그림을 그리는 사람은 진정한 사본을 그릴 수 없다. 그렇기 때문에 우리 자신의 이기적인 본래 마음은 부정확하고, 잘못된 그림을 생산하며, 이 숭배할 만한 화가의 디자인을 좌절시키고, 그 작품을 방해한다.

이 책은 기도의 형태가 밀접하게 연관된 하나님의 뜻에 완전히 자포자기하는 가르침 때문인지 주로 영어가 모국어인 복음 전도자(예를 들어 존 웨슬리 같은 사람들) 사이에서 무척 인정을 받았다.

그녀는 프랑스에서 대주교 페네용(그의 서신도 훌륭한 영성 도서다)의 친구이자 스승이 되었다. 그는 그녀가 하나님의 뜻에 완전한 수동성을 요구하는 신비주의인 정적주의를 활성화시킨 것에 대해 거짓 증거한 것으로 고발을 당했을 때 그녀를 변호해 주었다. 사실 그녀는 이단으로 고발을 당해 감옥에 여러 번 들어갔다. 그녀가 가르치는 것(39권으로 이루어진 그녀의 작품집에서도 읽어 볼 수 있음)은 이해하기 어려우며, 흔히 신중한 언어로 받아들여지지 못한다. 하지만 그녀의 기도에 관한 책은 너무나 인기 있고 영향력 있는 것으로 입증되어 언어의 모호함에 별 영향을 받지 않는다. 정통 가톨릭 또는 개신교 전통에 속한 사람들에게 사용될 때, 이 책은 기도 속에서 하나님을 체험하는 법과 기도를 하는 것뿐 아니라 하나님과 살아 있는 교제로 넘어가는 방법을 가르쳐 준다.

45

《신전》
The Temple
조지 허버트(1593-1633) 지음

케임브리지에서 짧지만 훌륭한 학업을 마친 뒤, 허버트는 결혼하고 목사로 임명되어 브레머튼의 교구 목사가 되었다. 그는 목사라는 소명에 자신을 아낌없이 바쳤으며, 그의 높은 이상은 그의 책 *A Priest to the Temple* 또는 *Country Parson*에서 많은 유익을 얻으며 읽을 수 있다. 그의 거의 모든 시(1629년과 1633년 사이에 집필됨)는 *The Temple*에서 발견할 수 있다. 그리고 시인으로서 그의 명성도 1633년 사후에 출간된 이 훌륭한 시집에 기초를 둔다. 그의 빈틈없는 솜씨는, 흔히 아주 짧은 시에 담긴 흥미 있는 생각과 이상한 이미지에 관한 표현을 명료하게나 타내었다. 또한 (오늘날 훨씬 덜 주목받고 있는) 이 시집은 성경과 개혁된 가톨릭 교회에 확고한 기반을 둔, 고전적이고 질서 정연한 영국 국교의 신앙을 권한다.

성전(교구 교회)의 구조적인 배경은 162개의 시를 설정하는 뼈대에 사용된다. 이 시는 하나님 앞에서뿐만 아니라 보편적인 교회 안에서 한 개인의 위치와 연관되어 있다. 어쩌면 가장 유명한 시는 시집을 끝맺는 "사랑"이라는 제목을 가진 시일 것이다. 그 첫째 연은 다음과 같다.

사랑은 나를 환영했다. 하지만 나의 마음은 물러섰다.

먼지와 죄를 범한

내가 처음 들어설 때부터

나에게 더 가까이 다가와 달콤하게 물었다.

내가 무엇이라도 부족하면 물어보라고.

다른 시는 찬송가로 사용되었다. ― "영광의 왕, 평안의 왕, 나 주 찬양하리"와 "무슨 일을 하든지 마음을 다하여 주께 하듯 하고 사람에게 하듯 하지 말라."

이 책은 진정한 기독교 영성을 찾을 때 산문보다 시에 더 감동을 받는 사람들에게 특히 호소하는 훌륭한 시집이다.

《신전》의 서문에서 리틀 기딩 공동체의 니콜라스 페라(Nicholas Ferrar)는, 허버트가 보통 말할 때 주 예수 그리스도의 이름을 언급한 뒤 항상 "나의 주님"을 덧붙이곤 했다고 독자들에게 가르쳐 주었다.

그러고 나서 "그는 하나님 다음으로 하나님 자신이 모든 만물 위에 높이신 것, 즉 그분의 말씀을 사랑했다. 그는 온 세상을 준다 하더라도 말씀의 한 장도 떠나지 않을 것이라는 신성한 확언을 했던 것으로 알려졌다."라고 설명했다.

영국 국교회에 대한 조지 허버트의 충성에 대해서 그는 "교회에 대한 순종과 준봉과 이에 따른 훈련은 단연 놀랄 만했다. 허버트가 개인적인 묵상 시간을 많이 가졌지만 그의 가족과 매일 아침, 그리고 저녁에 교회에 나갔다. 또한 그의 본보기와 권고, 그리고 격려가 이 신성한 예배의 공적인 의식에 교구민의 상당수를 그와 함께 매일 동행하도록 이끌었다."라고 썼다.

허버트 자신의 좌우명은 "하나님의 자비의 가장 작은 것보다 더 낮은 모습으로"였다.

46

《완전의 사다리》
The Ladder of Perfection
월터 힐턴(d.1396) 지음

이 책은 1494년에 영국에서 인쇄된 첫 책 중의 하나다. 그리고 그 날짜 이전과 그 이래로 이 책은 묵상서의 고전으로 폭넓고 영속적인 영향력을 누려 왔다. 그가 집필한 책을 통해 힐턴에 대해 알려진 바는, 그가 사우드웰 인근 서가튼에 있는 성 베드로 수도원에서 성 어거스틴의 수사 신부였다는 것밖에 없다.

이 작품은 실제로 별도로 집필되었다가 나중에 합쳐진 두 권의 책이다. 이 책에 한 영혼이 정화에서 하나님에 의한 계몽, 그리고 사랑 안에서 그분과 묵상적인 연합으로 점진적으로 진보하는 것이 그려져 있다. 이는 기도의 특성과 실천에 관한 가르침을 통해 제시되어 있다. 그 영성은 히포의 어거스틴과 클레르보의 버나드의 전통에 속하고, 그 핵심은 예수님 안에서 찾는다.

힐턴은 다음과 같이 분명히 밝혔다.

기도의 목적은 당신이 갈망하는 것을 주님께 알리는 것이 아니다. 그분은 당신의 모든 필요를 이미 알고 계시기 때문이다. 오히려 기도는 우리 주님께서 당신에게 아낌없이 주는 은혜를 받을 준비를 할 수 있도록 하는 것이다. 독실한 기도 안에서 열망의 불로 순화되고 정화되지 않을 때까지 그 은혜를 경험할 수 없다. 비록 기도는 우리 주님께서 주시는 은혜의 원인이 아니지만 값없이 주어진 은혜가 영혼에 들어오는 수단이다.

그는 기도할 때 모든 세상적인 것들로부터 자신의 마음을 분리시키고, 정신을 다른 데로 돌리는 것이 중요하다고 설명한다.

기도할 때 당신의 마음이 가벼워지고, 도움을 받으며, 모든 세상적인 생각과 영향의 짐으로부터 해방되고, 성령의 능력 안에서 그분 앞에서 영적 기쁨으로 일어나서 세상적인 것들을 거의 의식하지 못하거나 그것들에 거의 방해를 받지 않는다면 제대로 기도하고 있는 것이다. 기도는 마음이 하나님께 올라가고 그것이 모든 세상적인 생각에서 멀어지는 것에 지나지 않는다. 따라서 기도는 그 성질 자체가 항상 땅을 떠나서 공중으로 날아오르는 불에 비유된다. 이와 같이 하나님의 영적 불에 접촉하고 신앙심 깊은 열망은 끊임없이 그분을 향해 위로 뛰어오른다.

그 다음에 힐턴은 독실한 성도가 기도 중에 체험하는 '사랑의 불'을 묘사한다. 그 불은 이들의 마음속에서 느껴지며, 몸이 따뜻하게 느껴지게 한다. 하지만 이는 마음의 영적 갈망으로 일어나며, 본래 물리적인 현실이 아니다. 이 논문의 후반부인 두 번째 책에 "예수님이 영혼의 천국이고, 그분이 불이라 불리시는 이유"라는 제목이 붙은 장이 있다.

그래서 성숙하고 있는 영혼은 완전함을 향해 올라가는 사다리를 탄다. 그리고 힐턴이 설명하는 바와 같이 순례자는 예루살렘을 어렴풋이 감지하면서 전진하고, 어두움과 어려움을 헤치고 그 도시의 양이신 예수님께로 나아간다.

47

《조카딸에게 보내는 편지》
Letters to a Niece
바론 프리드리히 폰 휘겔(1852-1925) 지음

오스트리아에서 오스트리아인 아버지와 스코틀랜드인 어머니 사이에서 태어난 로마 가톨릭 교도인 폰 휘겔은 15세 때부터 영국에서 살았다. 그러나 그는 유럽에 관심이 있었으며, 종교라는 철학뿐만 아니라 제노아의 카타리나에 관한 주요 연구에 관한 여러 책을 집필했다. 그는 또한 조카딸을 직접 만나거나 서신으로써 그녀의 영혼을 안내했고 격려했다. 사실 그는 멸망해 가는 민족의 한 사람으로서 사려 깊은 기고가 중의 하나였다! 그의 묘비에는 다음과 같은 간단한 문구만 새겨져 있다.

"내가 천국에서 당신 외에 누가 있으리이까?"

그의 조카딸은 이 책을 편집하고, 중요한 서문을 쓴 그웬돌린 그린(Gwendolen Greene)이었다. 그녀는 바론에 대해 이렇게 썼다.

나는 삼촌을 설명하려고 시도조차 할 수 없다. 많은 사람들은 그 일을 나보다 훨씬 더 잘할 수 있다. 나는 그의 위대함에 압도되고 마음이 빼앗긴다. 그는 나에게 세상만큼 귀중하고 크게 보인다. 나는 그의 깊이에 정신을 잃고, 그의 고결함에 할 말을 잃게 된다. 위대한 것에 관해 그가 한 말을 기억한다. "위대한 일에 대해 조용히 하라. 그것이 너의 내면에서 자라나도록 하라. 그것을 절대로 논하지 마라. 논의는 너무나 제한적이며, 마음을 산란하게 한다. 그렇게 하면 일을 작게 만들 뿐이다. 그 일이 너를 받아들여야 하는데 네가 그 일에 몰두한다고 생각한다. 모든 위대함 앞에서 침묵하라. 예술이든, 음악이든, 종교에서든 침묵하라." 그러므로 그 앞에서 나는 침묵해야 하며, 그들이 자기 생각을 말하도록 해야 한다.

그래서 그녀는 다른 사람들도 읽을 수 있도록 1918년에서 1924년 사이에 집필된 서신을 제시한다.
물론 몇몇 서신은 독자가 그 당시의 역사나 문화를 약간 알면 더 이해하기 쉽다. 영적 지도가 시사에 관한 논평과 인생 전반에 관한 인도라는 범주 안에서 주어지기 때문이다.

세상적인 것에 대해—그래 나의 그웬아, 이는 철저하게 저속한 것이다. 특히 우리 영혼의 당당한 소명을 기억할 때 더욱 그러하다. 하지만 이에 대해 한 가지 위안이 되는 것이 있다. 세상적인 것은 잘못되고 약화시키는 종류의 생각에 잠기는 것과 자기 몰두보다 덜 위험한 적이다. 그 무엇도 마음속으로 자신과 대화하는 것(불만과 불평일 때)보다 철저하게 하나님의 임재하시는 느낌을 쫓아 버리는 것이 없다. 네가 이에 세상적인 것만큼 적절한 양의(적절한 종류의) 사교성과 즐거움에 속하지 않는다는 것을 확신하고 이 모든 말을 한다. 물론 그런 사회적 활동과 즐거움은 괜찮으며, 실제로 하나님께 하나의 의무이자 도움이기도 하다.

바론의 영성은 자연과 예술, 음악, 그리고 사회적 만남을 즐길 수 있을 정도의 것이었다. 그는 눈을 활짝 뜨고 돌아다녔다던 신비주의자였다! 그의 《선정된 서신집》(*Selected Letters*, 1927)도 읽어 볼 것을 권장한다.

48

《노아의 방주》
Noah's Ark

성 빅토르의 휴(1096-1141) 지음

파리에 있는 어거스틴 참사 수도회(Augustinian Canons Regular)의 본부인 성 빅토르의 대수도원은 휴의 감독 아래 번창했다. 그곳에는 영적, 지성적 열정이 있었으며, 명상 기도는 집중적인 지적 연구와 결합되었다. 휴는 여기서 1133년부터 학문을 지도했으며, 그의 가르침과 글은 국제적인 명성을 얻었다.

이 책은 세 가지 중세 성경 해석법—직역 방법, 비유적 방법, 그리고 성구에서 윤리적 의미를 이끌어내는 방법—을 중심으로 집필되었다. 하지만 이 책은, 인간의 마음은 하나님 안에서 참된 안식을 찾기 전까지 항상 불안하다는 성 어거스틴의 유명한 말에 관한 반응으로 야기된 논의로 시작된다.

다음은 휴가 하나님께서 은혜 안에서 그리스도를 통하여, 그리고 성령에 의하여 문제를 어떻게 해결하시는지를 자세하게 설명한 글이다.

첫 번째 사람은 죄를 범하지 않은 상태에서 창조주의 얼굴을 현재 명상 중에 보고, 그분을 항상 봄으로 그분을 늘 사랑하고, 그분을 사랑함으로 그분께 가까이 매달리며, 영원하신 그분께 가까이 매달림으로 끝이 없는 생명을 소유하도록 창조되었다. 사람의 유일한 참된 선은 그의 창조주에 대한 완전한 지식임이 분명하다.

이 상태는 오래 지속되지 않고, 그의 죄에 대하여 "사람은 무지라는 맹목을 입으며, 그 친밀한 명상의 빛을 잃고, 그의 마음속에 세상적인 욕망이 일어났고, 창조주의 달콤함을 잊기 시작했다." 그는 방랑자이자 도망자가 되어 버렸다. 즉 왜곡된 현세욕 때문에 방랑자이며, 죄를 범한 양심을 통하여 도망자가 되었다. 따라서 한때 신성한 사랑 안에, 그리고 참된 하나님을 사랑함으로 안주하던 사람의 마음은 이제 세상적인 욕망을 통하여 이리저리 흔들리기 시작했다.

그것이 문제였다. 노아의 방주는 하나님의 구원하시는 행사의 상징이다. 이것에 의하여 그분은 인간들이 그분을 언젠가 다시 사랑할 것이면 우선적으로 필요한 자신에 관한 지식을 이들에게 회복시킨다. 이 지식에 이르는 길은 성경 묵상을 통해서다. "만약 묵상의 행위를 통하여 자신의 마음속에 끊임없이 살기 시작했다면 어떤 의미로 우리는 이미 시간에 속하는 것을 멈추고, 세상에 대해 죽고 하나님과 내면적으로 함께 살게 된 것이다."

그렇지만 이로부터 형성되는 이런 묵상과 명상은 겸손과 하나님과의 사랑 안에서의 연합으로 이어져야만 한다. '지혜의 나무'에 관한 휴 본인의 묵상으로, 휴는 인간 생각과 참된 미덕과 사랑에 대한 그 관계에 대하여 날카로운 분석과 논평을 제시한다. 그는 모든 참된 크리스천이 세상과 그것이 제시하는 것을 갈망하지 않고 하나님을 알고 사랑하고자 하며, 그분의 사랑 안에서 세상을 섬기도록 하나님께서 그의 마음속에 만드시는 방주 안에서 마땅히 살아야 한다고 결론을 내린다.

49

《서신》
Epistles
안디옥의 이그나티우스(c.35-c.107) 지음

이그나티우스는 안디옥 교회의 담임 목사이자 주교였다. 당시의 로마 역사에서 제국의 지방은 로마 경기장에 범죄자들을 제공해야 했다. 이곳에서 관중의 오락을 위하여 범죄자들을 사나운 짐승들에게 던졌다. 이그나티우스는 그리스도에 대한 절대 신앙을 고백함으로 로마법을 어겼고, 이것 때문에 감시하에 로마로 후송되었다. 그렇지만 기나긴 여정 중에 이그나티우스는 크리스천들을 만나고, 6군데(에베소, 마그네시아, 트랄스, 로마, 빌라델피아, 서머나)에 있는 교회로 보내는 서신뿐만 아니라 폴리캅에게 개인적인 서신을 쓸 수 있었다(p. 157의《폴리캅의 순교》참조). 그는 예수님을 위해 순교자가 되기 위하여 로마에 가고 있었다는 것을 알고 있었으며, 이 생각은 여행을 하는 동안 그의 마음속에 두드러졌다.

이그나티우스는 교회 내에서 추기경의 존칭이 주어졌으며, 그의 서신은 세 가지 이유로 읽히고 소중히 여김을 받았다. 우선 본인은 서신에서 지혜롭고, 용감하며, 거룩하고, 신앙심 깊으며, 전도 열의에 불타는 것으로 드러났다. 두 번째로, 그의 신학은 영적 안내자로서 목사의 중요성, 기독교 공동체의 단결, 그리고 순교의 영광에 대해 할 말이 많았다. 세 번째로, 그가 순교에 대해 말하는 방식(그리고 자신의 순교에 관한 이야기)이 수천 명의 사람들에게 예수님을 위한 순교자가 될 준비를 하도록 영감을(심지어 열망도) 주었다.

다음은 그가 죄수로서 가고 있는 로마에 있는 동료 크리스천들에게 보낸 글이다. 이그나티우스는 그리스도를 위하여 죽는 것에 대해 진심이며, 그가 순교자가 되는 것을 막으려 하지 말라고 부탁한다.

나를 짐승의 먹이가 되도록 내버려 두라. 그들이 내가 하나님께 이르는 길을 제공할 수 있기 때문이다. 나는 그리스도를 위한 순수한 빵이 되도록 사자의 이빨로 가루로 만들어질 그분의 밀이다. 또한 짐승들이 나를 위한 분묘가 되도록 자극하라. 그들이 나의 살의 작은 조각도 남겨두지 않도록 해서 내가 잠든 뒤 누구에게도 짐이 되지 않도록 하라. 세상이 나의 몸의 흔적이 남은 것을 보지 못하면 나는 진정으로 예수 그리스도의 제자가 될 것이다. 그러므로 사나운 짐승을 통하여 내가 하나님께 제물이 되도록 나를 위하여 그리스도께 간구하라. 내가 베드로나 바울처럼 여러분에게 명령을 하는 것이 아니다. 그들은 사도였고, 나는 유죄 선고를 받은 범죄자다. ……이 쇠사슬이 세상적인 욕망으로 행했을 모든 것을 징계하고 있다.

이그나티우스는 그의 탄원을 비슷한 맥락에서 계속했지만 그가 남겨둔 교회를 위하여 기도해 달라고 부탁함으로 서신을 끝맺는다. "기도할 때 시리아 교회를 기억하라. 이제 그 목사로 나 대신에 하나님이 계시며, 예수 그리스도 홀로 그분의 사랑으로 감독하실 것이다." 대부분의 사도들이 죽은 뒤 불과 40년 뒤에 기독교의 변천에 대한 통찰을 주기 때문에 이 《서신》은 아주 중요하다.

50

《영성 훈련》
The Spiritual Exercises
로욜라의 이그나티우스(c.1492-1556) 지음

이그나티우스는 예수회(예수회 회원)의 최초의 총회장이 되었다. 그는 군대와 궁정에서 일평생 복무할 계획이었으나 전쟁에서 부상을 입은 뒤 완전히 개종하였다. 1523년에 만레사에서 회복기를 보내면서 《영성 훈련》을 집필하기 시작했지만, 본문은 예수회가 창립된 지 8년째가 되던 1548년까지 완전히 마무리되지 않았다.

이 책은 4부로 나누어졌으며, 각 부는 1주일 동안 사용될 목적으로 만들어진 자료를 담고 있다. 첫 번째 주에는 양심 성찰과 우리 죄와 지옥, 그리고 그리스도의 왕국에 관한 묵상이 있다. 두 번째 주에는 복음서에 나오는 그리스도에 관한 명상(상상 묵상)과 인생에서 올바른 선택을 하는 방법에 대한 안내가 있다. 세 번째와 네 번째 주에는 여러 기도 방법에 관한 지시사항으로 끝나는 더 많은 명상을 담고 있다. 모든 자료에는 영혼의 분별, 기부금의 나눔, 그리고 교회와 함께 생각하는 것을 위한 여러 규칙이 첨가된다.

이그나티우스는 첫 번째 문단에서 '영성 훈련'이라는 용어가 '양심 성찰, 묵상, 명상, 통성 및 정신 기도, 그리고 그 밖에 영적 활동의 모든 방법'을 의미한다고 설명했다. 이는 '영혼이 모든 무절제한 집착을 버린 다음에 우리 영혼의 구원을 위한 우리 삶의 상황 속에서 하나님의 뜻을 찾는 것을 준비하고 처리하는 모든 방법'을 나타낸다. 그는 피정을 감독하는 사람들, 그 중에서도 특히 예수회 회원이 될 생각을 하고 있는 사람들에게 개별적인 피정을 감독하고 있는 예수회 수사들을 위하여 이 책을 집필했다. 비록 이 책이 수년 동안 여러 번역본으로 일반 대중들이 입수할 수는 있었지만 분명 일반 독자층에게 전달되기로 의도된 책이 아니다. 사실 《영성 훈련》의 원본은, 순종과 영적 지도자의 특정 지도에 순종할 것을 강조하는 로마 가톨릭의 반종교 개혁 운동의 호전적인 영성을 반영한다.

그러나 영성 훈련은 결코 엄격하게 사용되도록 의도되지 않았다. 이그나티우스는 이에 참여할 사람의 상태에 맞게 이루어져야 한다고 강조했다. 즉 그 사람의 연령, 학력, 그리고 은사에 맞게 이루어져야 한다. 따라서 영성 훈련이 쉽게 견딜 수 없거나 유익을 얻지 못할 '후천적 능력이 부족하거나 신체적 힘이 약한 사람에게' 주어져서는 안 된다. 이 훈련은 하나님께서 수도자의 소명에 대해 분명히 하신 방법의 일환으로 사용될 것으로 의도되었다.

오늘날 이그나티우스식 피정은 적절한 삶의 적용과 적절한 자아 성찰과 함께 예수님의 생애, 고난, 십자가 위에서의 죽음, 그리고 부활의 여러 시점을 모든 감각을 동원하여 명상하는 것을 중점으로 하는 총 피정 또는 단기 피정을 의미할 수 있다.

[혼란을 피하기 위하여 이그나티우스는 '명상'이라는 단어를 '묵상'보다 더 높은 형태의 기도가 아닌 그림과 같은 상상 묵상(pictorial imaginative meditation)이라는 의미에서 사용했다는 점을 알아두는 것이 유익하다.]

51

《초대 감리교 목사들의 생애》
Lives of Early Methodist Preachers
토마스 잭슨(1783-1873) 엮음

감리교 설교가들의 첫 세대는 그들의 과업에 전적으로 헌신되고, 삶이 기쁨과 거룩함으로 넘쳐흐르는 훌륭한 사람들이었다. 이들이 스스로 들려주는 자신의 이야기를 읽는 것은 자극이 된다. 그들 안에서 감리교 영성의 핵심적인 주제가 시각적으로 묘사되기 때문이다.

1778년에 존 웨슬리는 〈아르미니안 매거진〉(Arminian Magazine)(제목이 썩 좋지는 않다!)을 창간했다. 그는 그의 목사들 몇 명에게 이들의 은혜의 순례에 관한 단편을 기고해 달라고 부탁했다. 이 잡지는 당시에 상당히 소중하게 여겨졌으며, 감리교 회의(Wesleyan Conference)의 회장인 토마스 잭슨이 1837년에 《초대 감리교 목사들의 생애》라는 제목 아래 이 자서전적 이야기들을 출간하기 시작했다. 초판은 세 권(1837-1838)으로 이루어졌고, 네 번째 판은 여섯 권(훌륭한 색인이 포함됨)으로 이루어졌다. 그 다음에 바뀐 제목, 몇몇 추가 자료와 주석과 함께 존 텔퍼드(John Telford)가 *Wesley's Veterans: Lives of Early Methodist Preachers told by themselves*(1912-1914)라는 제목으로 7권의 작은 책으로 신판을 내놓았다. 이 책은 36명의 생애를 담고 있다.

토마스 랜킨(Thomas Rankin)은 조지 휫필드의 설교를 통하여 개종되고, 나중에 미국에서 웨슬리파의 감독(1773-1778)으로 섬긴 스코틀랜드 사람이었다. 다음은 감리교 훈련과 영성의 특색을 이루는 특징인 속회(class meeting)의 교제를 시작한 크리스천의 완전함(p. 226의《크리스천의 완전에 대한 평이한 설명》(Plain Account of Christian Perfection) 참조]을 위해 그가 추구한 일을 어떻게 묘사했는지 알 수 있는 내용이다.

회의가 끝나자마자 나는 집에 돌아가 개인적인 기도를 위하여 한적한 곳으로 갔다. 하지만 모든 것은 암흑이었고, 괴로운 번민뿐이었다. 나는 천국과 교통할 수 없었고, 믿음과 기도가 날개를 잃은 듯했다. 5일 동안 너무나 괴로워서 잠과 음식에 대한 생각이 아예 없었다. 나는 나의 고통스러운 감정에만 몰두하며 슬퍼하고, 눈물을 흘릴 수밖에 없었다. 닷새째 두 명의 친구가 나를 보러 와서 우리는 함께 기도했으며, 이 고통스러운 번민의 시간 동안 내가 경험했던 것보다 더 많은 해방감을 발견했다. 내 친구들이 떠나자마자 나는 그 자리에서 무릎을 꿇고 잠자리에 들 때까지 계속해서 기도했다.
이제 나의 주님과 어느 정도 달콤함과 교제의 정도를 다시 한 번 발견했다. 그리고 이 즐거운 기분을 만끽하며 눈을 감았다. 나는 아주 이른 아침에 잠에서 깨어났다. 기분에 변화가 있어 하나님께 찬양을 드리기 위해 무릎을 꿇기 전에 거의 옷을 입을 수도 없었다. 그리고 무릎을 꿇었을 때 모든 몸과 영혼의 힘을 거의 압도하는 듯한 하나님의 선하심과 사랑에 대한 너무나 큰 비전을 보았다.

주님의 사랑과 기쁨에 충만하거나 몰두하는 듯한 이 위기의 시기는 '두 번째 축복'의 체험에 핵심이다. 그 즉각적인 결과는 예수님의 이름으로 말씀과 행위 안에서 복음서를 선포하는 사람을 파송하는 것이다.

52

《가족을 위한 기도》
Prayers for Families

벤자민 젱크스(1646-1724), 찰스 시므온(1759-1836) 지음

젱크스는 슈롭서에 있는 할리의 교구 목사였다. 그는 그곳에서 좋은 평가를 받았던 묵상과 기도에 관한 몇 권의 책을 집필했다. *Prayers and Offices of Devotion for Families*는 19세기 초에 영국 국교회가 발견해서 다시 출판했다. 어쩌면 19세기 초반에 영국 국교회 복음주의 목회자 중 가장 영향력이 있었을지도 모르는 케임브리지의 찰스 시므온은 그 책에 깊은 감명을 받았고, 스스로 그의 시대에 맞는 하나의 간행판을 준비했다.

시므온은 그의 서문에서 "수년간 이 책이 하나님의 교회에 상당히 귀중한 보물이라고 생각해 왔다. 이 책의 특징적인 장점은, 기도문의 대부분이 단지 집필된 것뿐만 아니라 실제로 기도되었다는 것이다."라고 설명했다. 그는 "이 기도문에는 회개하는 마음의 정서를 표현하는 데 감탄할 정도로 적당한 겸손의 마음이 있다. 또한 이를 사용하는 사람들의 마음속에 상응하는 불길을 지필 수밖에 없는 헌신의 열정도 담겨 있다."고 주장했다.

물론 이 책이 먼저 증거하는 것은 목사에 의해 집 안에서 이루어지는 가정 기도의 중요성이다. 종합 기도문은 일주일 동안 요일별로 매일 아

침과 저녁에 사용될 수 있도록 제공되었다. 이 기도문은 기도의 본보기로 사용되거나 집필된 형태 그대로 사용될 수 있다. 이 기도문의 토대는 젱크스 자신의 가족과 그의 교구민들이다. 그 다음에는 주일, 성찬식 전후, 크리스마스와 부활절과 같은 명절, 아플 때, 번창할 때, 역경을 거칠 때, 그리스도 안에서 성숙과 성화의 확대, 사회 구성원과 정부의 지도자, 하나님의 교회, 가난한 사람, 그리고 일시적 축복과 영적 축복을 위한 감사의 때를 위한 기도문이 있다.

이 책의 중요한 가치는 기도할 때 참고할 수 있는 기도서로, 자신의 기도에 대비한 묵상서로 사용할 수 있는 기도서로, 또는 자신의 즉석 기도의 틀을 돕는 지침이나 직접 쓰는 공공 기도문뿐만 아니라 개인적 묵상용으로 사용될 수 있다는 데 있다. 모든 기도문은 여기서 전문을 인용하기에 너무나 길다. 복음적인 색채를 띠지만 시므온이 "그 훌륭한 기도서"라고 기술한 일반 기도서(Book of Common Prayer)의 언어와 정신 속에 저자와 편집자가 몰두하는 점에 많은 영향을 받기도 했다.

나는 현대 가족을 위하여 《가족 기도문》(Family Prayers)이라는 제목이 붙은 보급판을 준비했다. 이 책은 집 안이나 교제 그룹의 기도, 그리고 회중 예배에서 사용되는 기도에 적절한 생각과 언어를 개발하는 데 많은 도움이 될 것이다.

53

《갈멜 산 등정과 어두운 밤》
The Ascent of Mount Carmel and The Dark Night
십자가의 성 요한네스(1542-1591) 지음

스페인 갈멜파 수사인 시인, 성자, 그리고 신비주의자의 이 두 논문은 시작하는 연이 다음과 같은 그의 시 〈어두운 밤〉(*Dark Night*)에 관한 주석서이기 때문에 함께 읽는 것이 좋다.

어둡고 은밀한 밤에
사랑을 갈망하며 깊이 타오르는,
오 행복한 행운의 도주!
보이지 않은 채 나는 떠나갔다.
나의 집은 마침내 고요하고 안전했다.

빛으로부터 어둡게 자유로웠다.
위장되고 은밀한 길을 따라 내려갔다.
오 행복한 행운의 도주!
암흑 속에서 나는 도망쳤다.
나의 집은 마침내 고요하고 안전했다.

그 행복한 밤, 은밀하게,
아무도 내가 어두움을 거치는 것을 보지 못했고

그 다음에 아무것도 보지 못했다.

길을 표시할 다른 빛을

나의 마음을 뛰게 하는 불 이외에.

〈갈멜 산 등정〉은 감각의 능동적인 밤과 영혼의 능동적인 밤을 다루는 첫 두 연에 대한 산문으로 된 주석서다. 〈어두운 밤〉도 1연, 2연, 그리고 3연에 관한 산문 주석서이며, 감각과 영혼의 수동적인 밤을 다룬다.

'밤'이라는 단어는 주제가 진전되면서 다른 의미로 사용된다. 처음에는 우리 감각의 욕망과 육체적인 욕망을 죽임으로 일어나는 아픔인 고난을 의미한다. 두 번째로, 이 단어는 자연적인 이해에 대한 그 어두움을 동반하는 믿음의 여정을 의미한다. 세 번째로, 밤은 소망이라는 미덕의 실천으로 하나님의 것이 아닌 명백한 형태, 형상 또는 생각의 정화인 기억을 내쫓는 것을 의미한다. 마지막으로 〈갈멜 산 등정〉에서 밤은 모든 제어하기 어려운 애착, 감정 또는 정서의 의지를 정화하는 것이다. 그런 다음에 〈어두운 밤〉에서 밤이 하나님께서 영혼에게 하시는 사랑스러운 대화라는 것을 발견한다. 영혼의 수동적인 정화를 동반하기 때문이다. 이는 영혼에 상당히 고통스럽다. 따라서 '밤'인 것이다.

이 두 권의 책은 초신자들을 위한 것이 아님이 분명하다. 오히려 주 예수님과의 관계에서 성숙해지고 싶어하며, 더 깊이 있는 기도 생활로 인도되고 싶은 사람을 위한 책이다. 이 책은 십자가의 성 요한네스의 가까운 친구였던 아빌라의 성 테레사의 책을 읽은 다음에 읽는 것이 가장 좋을지도 모른다.

성 요한네스는 1726년에 시성되었고, 1926년에 교회 박사로 선포되었다. 금세기는 그의 시와 논문의 진가를 점점 더 인정하게 되었으며, 그의 논문은 다양한 전통에 있는 크리스천의 영적 변화에 영향력을 행사하게 되었다.

54

《신성한 사랑의 계시》
Revelations of Divine Love
노리치의 줄리안(c.1342-c.1413) 지음

줄리안의 생애에 관하여 알려진 바는 거의 없다. 다만 노리치에 있는 성 줄리안 교회의 밖에서 여자 은자로 살았을 것이라고 추정하고 있다. 그렇지만 그녀의 글이 가장 널리 읽히고 있으며, 영국 영적 전통의 영향력 있는 신비주의자이고, 그녀의 책으로 수천 명의 사람들이 격려받고 위로받았다. 30세의 나이에, 본인의 말에 의하면 1373년 5월 8일 무아지경 상태 가운데 열다섯 차례 계시를 받았다고 한다. 그 다음날 더 많은 비전이 이어졌다. 그녀는 그 이후로 *The Sixteen Revelations of Divine Love*라는 책을 꾸밈없고 생생하며 실제적이고 상상력이 풍부한 언어로 집필하기 전에 20년 남짓 되는 기간 동안 이 비전을 묵상했다.

"나는 배우지 못했고, 저능하며, 연약한 여자"라는 그녀의 주장에도 불구하고 그녀의 책은 힘찬 산문으로 집필되었다. 이 책의 주제는 하나님의 사랑의 관점에서 세상 속의 죄와 슬픔을 이해하는 것이다. 그녀의 해답은 다음과 같이 많이 인용한 말이다. "만사는 잘될 것이다. 모든 종류의 것은 잘될 것이다."

페미니스트 운동의 출현과 하나님의 여성적 이미지를 사용하는 몇몇 사람들의 소명으로 줄리안의 글은 현대 세대에 더 큰 관심사가 되었다. 이는 그녀가 하나님께서 인간과 맺은 은혜로운 관계를 묘사하는 데 모성애를 사용하기 때문이다. 그가 사용한 이 비전은 비전 그 자체가 아닌 첫 열네 번의 비전에 대한 설명이나 묵상에 나온다(58-62장). 실제로 그녀는 영원한 하나님의 아들(이분이 인간을 창조하고, 이분을 통하여 구속됨)을 특히 '우리 어머니'라고 부른다. 그녀는 58장에 이렇게 썼다.

> 나는 우리 본질적인 존재에 대하여 (삼위일체의) 2격이며, 우리 육체적인 성질에 대해서도 우리 어머니가 되신 우리 성모를 보았다. 하나님께서 우리를 본질적인 존재와 육체적인 성질의 두 부분으로 창조하셨기 때문이다. 우리 본질적인 존재는 우리 아버지이신 전능하신 하나님과 일치하는 더 고등의 특성이다. 우리 본질적인 존재가 창조되었을 때 삼위일체의 2격이 우리 친어머니였으며, 우리는 그분 안에 뿌리와 기초를 두고 있다. 하지만 그분은 또한 우리 육신적인 특성을 띠셨기 때문에 우리를 불쌍히 여기는 어머니시기도 하다. 그래서 우리 두 성질이 나뉘지 않은 어머니는 서로 다른 방식으로 우리에게 어머니시다. 우리 어머니 그리스도 안에서 우리는 번창하고 발전한다. 그분의 자비로 우리를 바로잡으시고 회복하신다. 그분의 고난과 죽음, 그리고 부활의 능력으로 우리를 우리 본질적인 존재와 연합시키신다. 이런 식으로 우리 어머니가 그분을 따르고, 순종하는 모든 자녀에게 자비로 역사하신다.

이는 흥미를 자아내며, 어떤 여자들은 이와 같은 이미지를 사용하는 것이 하나님께 진정으로 예배를 드리는 데 도움을 준다고 주장한다.

줄리안에게서 이 주제 이외에도 얻을 것이 많다. 예를 들어 자연으로부터 그녀가 얻은 생생한 이미지, 그 중에서도 특히 개암의 이미지(5장)는 그녀의 영성에 생태학적인 색채를 가미한다. 그녀의 책은 자극적인 독서, 묵상, 그리고 기도에 도움이 된다.

55

《한 가지만 하기를 원하는 순결한 마음》
Purity of Heart is to Will One Thing
키르케고르(1813-1855) 지음

코펜하겐의 부유한 가정에서 모직물 상인의 7번째 아들로 태어난 키르케고르는 거의 전 생애에 걸쳐 그 도시에서 살았다. 유년기부터 그는 천재적인 소질과 고난으로 다른 이들과 구별되었다. 그의 아버지가 보여 준 루터교 신앙은 하나님에 대한 두려움을 심어 주었고, 대학교에서는 그가 '대지진'이라고 묘사한 윤리적, 정신적 위기를 겪었다. 그는 사랑하는 소녀와 결혼하지 않고, 국교의 목사로 임명받지 않기로 결정했다. 그러고 나서 고독이라는 짐을 받아들이고, 그의 생애를 당시의 기독교 종교 내 특정의 잘못된 영적 가르침을 바로잡는 일에 바쳤다.

그가 쓴 대부분의 글은, 사람들로 하여금 하나님과 올바르고, 열매를 맺는 관계를 맺기 위하여 그분께서 창조하신 인간이라는 것을 인식하도록 만들려 했다. 그는 하나님께서 이들의 실존(그는 흔히 실존주의의 아버지라 불림)을 그들에게 주셨다는 것과, 그래서 구세주 예수 그리스도의 이름으로 그분께 돌려 드려야 한다는 점을 숙고하고 고려해 볼 것을 요청했다.

실제로 설교한 적은 없지만 *Purity of Heart*는 본문, 분류, 그리고 적용이 포함된 길게 집필된 설교문의 형태를 띠고 있다. 이는 고해성사의 직문에 대비하는 것으로 의도되었지만 이 사실이 이 책의 유용성을 제한하지는 않는다. 고해성사는 마음속에서 언제든지 일어날 수 있기 때문이다. 그가 글을 시작한 성경 본문은 야고보서 4장 8절이다. "하나님을 가까이 하라 그리하면 너희를 가까이 하시리라 죄인들아 손을 깨끗이 하라 두 마음을 품은 자들아 마음을 성결케 하라."

서문에서 키르케고르는 이 책이 누구를 대상으로 집필되었는지를 알려 준다. 이 책은 마치 그 자신의 마음속에 일어났듯이 받아들여지고 싶어하는 자신을 완전히 버리는 고독한 '개인'을 추구한다. 그러다 설교의 첫 부분에서 한 가지를 하고자 하는 것은 선을 행하고자 하는 것이며, 이는 하나님의 뜻을 행하고자 하는 것이고, 삶은 이를 실천하고자 하는 것이 전부라는 것을 배운다.

"천국에 계신 아버지! 당신 없이 사람은 무엇인가요! 당신을 알지 못하면 그가 아는 모든 것이 비록 대량의 축적물일지라도 작은 조각에 불과하지요! 세상 전체를 품을 수 있다 하더라도 그의 모든 노력이 하나밖에 없으시며 만물이신 당신을 알지 못하면 반밖에 완성되지 않은 일이지요! 따라서 당신이 한 가지를 이해할 수 있는 지식과 지혜를, 마음에는 이 지식을 받아들일 수 있는 신실함을, 의지에는 한 가지만 하고자 하는 순결함을 주소서. 부유함 속에서 한 가지만 하고자 하는 인내심을, 산만함 가운데 한 가지만 하고자 하는 모임, 그리고 고난 중에는 한 가지만 하고자 하는 참을성을 허락하소서."

한 가지만 하고자 하는 것은 연로한 사람에게나 젊은 사람에게나 필수적이지만 너무나 많은 사람에게 이런 의지가 없다.
이 설교는 하나님의 뜻을 행하고자 하는 마음의 순결함이 어떻게 달성될 수 있는지를 분명히 한다. 이 책은 특히 자신의 정신이 주 하나님을 탐구하는 데 확장되는 것을 좋아하는 사람들에게 힘들지만 읽을 만한 가치가 있는 책이다.

56

《경건하고 거룩한 삶을 위한 진지한 부르심》
A Serious Call to a Devout and Holy Life

윌리엄 로(1686-1761) 지음

로는 1714년 조지 1세에 충성하는 맹세를 거부했다. 그래서 케임브리지 임마누엘 대학에서 그의 지위를 박탈당하고, 여생을 처음에는 기번(Gibbon) 가족과 함께 퍼트니에서 보내다 그의 고향인 킹스클리프에서 보냈다. 교회 내 교사직이나 직분이 없는 가운데 그는 저술과 가난한 사람들을 실제로 섬기는 데 몰두했다. 그의 몇몇 저서는 계속해서 출판되고 있으며, 영적 생활에 관한 저자로 높은 평가를 받고 있다.

《경건하고 거룩한 삶을 위한 진지한 부르심》(1728)은 정말로 진지하다. 이 책은 마음이 약하거나 겁 많은 사람이 아닌, 거룩하라는 부르심을 모든 부르심 가운데 가장 중요하다고 믿는 사람을 위한 책이다.

그 정신과 특성은 영국 국교회의 성격을 띠지만 성전(聖傳)과, 수도원 생활의 이점, 그리고 축복받은 성모 마리아에 대한 특별한 경의를 사용함으로 가톨릭 전통의 영향을 많이 받았다.

그는 당시의 대부분의 종교가 가졌던 피상적인 형식주의가 거부되어야 하며, 지상 생활은 진정으로 영원을 위한 준비 단계라는 진지한 주장으로 교체되어야 하고, 모든 크리스천은 잠재적인 성인이며, 크리스천의 전 생애는 그리스도를 위하여 하나님께 전적으로 헌신되어야 한다는 가정 아래 집필하였다.

　모든 천박함과 진부함은 버려야 하며, 봉헌, 절제, 그리고 헌신은 삶의 방식이 되어야 한다. 이 책에는 자아 성찰, 기도, 묵상, 그리고 임종 시 주 하나님과의 만남을 준비하는 법에 관한 안내가 포함되어 있다. 그리고 가짜와 진정한 기독교 제자도도 극렬하게 비교했다.

　로는 명확하거나 화려한 문체가 아니고 꾸밈없으며 논리적인 방식으로 글을 썼다. 그가 말하고자 하는 것은 탐구하는 사람들에게 명확하며 이해하기 쉽다.

　이런 까닭에 이 책은 존 웨슬리와 조지 휫필드 같은 복음주의 지도자를 포함한 많은 사람에게 영향을 끼친 것이다.

　물론 완벽한 책은 아니다. 즐거운 축하의 정신이 부족하고, 진정한 제자가 기독교 자선의 마음으로 금욕적이고, 절제되며, 경건하고, 독실한 삶을 살 수 있도록 해 주는 하나님의 은혜로운 행사에 대해 할 말이 너무나 적다.

　그렇지만 이 책이 집필된 의도로 볼 때 이는 고전이며, 어떤 크리스천 독자라도 주 예수님께 더 많이 헌신하도록 마음을 움직일 수 있는 힘을 여전히 가지고 있다.

　로에게 '기독교는 그 밖의 모든 부르심에 종말을 고하는 부르심'이며, '하나님께 전적으로 바치는 삶을 상징하는 헌신' 임이 분명했다.

　그의 《크리스천의 완성》(1726)은 《경건하고 거룩한 삶을 위한 진지한 부르심》과 거의 비슷한 성격을 띠고 있다. 하지만 그의 차후작인 《기도자의 정신》(1749)과 《사랑의 정신》(1752)은 전혀 다르며, 퀘이커교도들에게 많은 인정을 받았고, 야콥 뵈메(Jacob Boehme, 비정통 독일 루터교 신비주의자)의 글에 많은 영향을 받은 신비주의적인 특징이 있다. 하지만 《경건하고 거룩한 삶을 위한 진지한 부르심》은 세월의 흐름을 견디고 지금도 많은 독자들을 끌어들인다.

57

《하나님의 임재 연습》
The Practice of the Presence of God
로렌스 형제(1611-1691) 지음

니콜라스 허먼은 로렌에서 태어났으며, 십대의 어린 나이에 군인이 되었고 군복무 중 부상하여 영구적인 장애를 갖고 군대를 제대했다.

그는 나중에 파리 수도원에서 엘리야의 갈멜 산 피정에서 이름을 딴 '맨발 갈멜 산 수도회' [Order of Discalced (Barefoot) Carmelites]에 입회했다.

그는 로렌 형제(Frère Laurent)로서 수사들의 요리사로 30년 동안 평범한 삶을 살았다. 그는 몇몇 쪽지와 편지밖에 쓰지 않았으며, 조셉 드 뷰포트(Joseph de Beaufort)가 그의 글을 발표하지 않았다면 전혀 빛을 보지 못했을 것이다.

그(Cardinal de Noailles)의 총대리(vicar-general)는 로렌스의 문학적 유고를 수집해서 1666년 8월에서 1667년 11월 사이에 자신이 그와 나누었던 대화에 첨가했다. 그는 이 자료들을 *Maximes spirituelles*(1692)와 *Moeurs et entretiens du F. Laurent*(1694)라는 제목을 붙여 두 권의 책으로 출판했다. 금세기에 이 책은 *La Pratique de la presence de Dieu*라는 제목으로 한 권의 책으로 출간되었으며, 영문 번역본은 《하나님의 임재 연습》이라는 제목으로 출판되었다.

로렌스는 주님께 전적으로 헌신된 평신도였고, 책임감과 기쁨을 가지고 자신에게 요구되는 것을 하는 데 만족했기에 그의 실천적인 영성은 아주 매력적이다. 그 영성은 흉내 내기가 어려워도 이해하기는 매우 쉽다. 뷰포트는 다음과 같이 이야기했다.

로렌스 형제는 대단한 열정과 솔직함으로 그가 하나님께 접근하는 방식을 나에게 종종 얘기해 주곤 했다.

그는 이 방법이 인위적인 불가사의 없이 그분과 끊어지지 않는 대화에 익숙해지기 위하여 결국 하나님께로 이끌지 않는다는 것을 인식하는 모든 것을 포기하는 하나의 훌륭한 행위로 귀결된다는 것을 알려 주었다.

하나님께서 우리 안에 친밀하게 임재하고 계시다는 것을 깨닫고, 모든 순간에 그분을 찾고, 도움을 구하며, 의심이 되는 모든 일에 그분의 뜻을 인식하고, 분명히 그분이 우리에게 요구하시는 것을 보는 모든 것을 잘 하며, 우리가 행하기 전에 그분께 하는 것으로 바치고, 다 한 후에 그 행위를 한 것에 대해 감사를 드리기만 하면 된다.

이 중단되지 않는 교제 속에서 하나님의 무한하신 자애와 온전한 행사에 대해 그분을 찬양하고 경배하며 사랑하는 데 끊임없이 열중하게 된다.

로렌스 형제는 어느 부인에게 보낸 편지에서 "하나님과 함께하기 위해서 항상 교회에 있을 필요는 없다. 우리는 그분과 부드럽고, 겸손하며, 사랑이 넘치는 교제를 시시때때로 갖기 위하여 우리 마음을 예배당으로 만들 수 있다. 모든 사람은 하나님과 이런 친밀한 대화를 나눌 수 있다. 어떤 이들은 더 많이 가질 수 있고, 어떤 사람은 덜 그럴 수 있다. 그분도 우리 능력을 알고 계시다."라고 설명했다.

또한 어떤 사제에게는 그의 명상 기도 체험을 간단하게 설명했다. 그는 단순히 주의 깊게 귀 기울이며, 사랑하는 마음으로 습관적으로 눈을 주님께 돌림으로 하나님의 거룩한 임재하심에 거하곤 했다.

그가 고백하기를, 이는 어머니의 젖가슴을 빠는 아기보다 더 큰 내면적인 기쁨을 가져다주었다고 한다. 사실 그 상태에서 그가 느낀 것은 이루 표현할 수 없는 행복이었기에 그것을 '하나님의 젖가슴' 이라고 부를 준비가 되어 있었다.

58

《그리스도의 이름들》
The Names of Christ
루이스 드 레온(c.1527-1591) 지음

어거스틴 수사이자 신학 교수였던 프라이 루이스(Fray Luis)는 아가서와 욥기에 관한 그의 주해, 갈멜 산 수도회에서 아빌라의 성 테레사(p. 201의 《완전의 길》 참조)가 집필했던 글의 편집자로 선정된 것, 신비주의적인 시, 그리고 그의 걸작인 The Names of Christ로 유명하다. 그의 앞서 가는 인본주의적, 교육적 견해 때문에 스페인의 종교 재판에 의해 수년 동안 투옥되기까지 했다. 그렇지만 그의 영향력은 종교 재판보다 더 오래 지속되었으며, 그의 The Names of Christ는 그 어느 때보다도 많이 읽히고 있다. 솔직하고 영적인 그의 지혜는 그를 모든 세기에 통하는 사람으로 만들어 준다.

이 논문은 3부나 3권의 책으로 이루어졌으며, 그 형식은 구약성경에 나오는 메시아의 계시된 이름에 관련된 세 인물 사이의 대화로 이루어졌다. 마르첼로는 신학생이고, 줄리아노는 학술적인 비평가이며, 사비노는 시인이다. 구약성경에 나오는 그리스도의 각 이름(예수님과 더불어 나뭇가지, 하나님의 얼굴, 길, 목자, 산, 영원하신 아버지, 하나님의 팔, 왕, 평강의 왕, 남편, 하나님의 아들, 양, 사랑하는 자)은 큰 보석의 각각의 작은 면과 같다. 그 가치는 우리가 그 각 면을 충실하게 연구하고, 묵상하며, 차례차례 어루만질 때까지 보석 그 자체의 진가와 그 가치를 알 수 없다. 우리는 이와 같은 방식으로 하나님의 아들의 이름에 접근해야 한다.

그리스도에게 왜 그렇게 많은 이름이 부여됐는지에 대한 이들의 논의 중에 마르첼로는 다음과 같이 말했다.

> 그분의 무한하신 위대함과 풍부한 이점, 이와 동반되는 수많은 기능, 그리고 그분 안에서 타고나고, 우리 위에 드리워진 그 밖의 특권 때문에 그리스도께 많은 이름이 부여된다. 이 이름들을 영혼의 시각으로 볼 수 없듯이 한 단어로 그것들에 이름을 붙일 수 없다. 좁고 긴 병목을 가진 병에 물을 따를 때 한 방울씩 따르듯이 우리 이해력의 편협함과 부족함을 아는 성령은 그 위대함을 한꺼번에 주지 않고 때로는 한 이름으로 알려 주고, 다른 때는 또 다른 이름으로 알려 주면서 한 방울씩 제공하신다. 따라서 성경에는 그리스도께 셀 수 없는 이름이 부여되었다.

이들 이름 중에 10개만 이 논문에서 연구된다. 이에 대한 연구는 정신을 교화하고, 마음을 따뜻하게 해 주며, 의지를 인간의 형상으로 오신 하나님의 아들이자 인간들 사이에 거하기 위해 오신 육신의 옷을 입은 말씀인 그리스도의 참된 제자의 신분을 향하여 나아가게 한다.

2권과 3권 말미에 있는 사비노의 시는 독실한 영혼들이 예수라는 이름의 해설에 대한 반응을 요약한다.

이 책은 열렬한 인본주의자가 어떻게 성경을 통하여 그리스도를 만나게 되었는지에 대한 통찰을 제시하는 흥미진진한 책임이 틀림없다.

59

《크리스천의 자유》
The Freedom of a Christian
마틴 루터(1483-1546) 지음

루터는 무엇을 하든지 확신과 열정을 가지고 했다. 1520년에 교회 개혁 운동이 독일에서 탄력이 붙으면서 루터는 복음주의 신학과 영성이 무엇인지에 관한 역동적인 진술과, 당시에 널리 보급되어 있고 부패한 가톨릭교와 그것이 어떻게 다른지를 제시하는 세 개의 논문을 집필했다. 이는 성경을 주요 토대로 했지만 초대 교회의 경험으로 이끄는 신학이다.

《독일 귀족들에게 보내는 공개 편지》에서, 루터는 교회의 개혁을 요구하고, 세상적인 통치자들을 지배하는 교황의 권위를 공격하며, 그리스도 안에 있는 모든 신자의 제사장 직분을 발표했다.

《교회의 바빌론 포로》에서, 그는 사람들의 삶과 소유물을 과도하게 지배하게 된 성만찬 체계를 공격했고, 주일 성만찬의 복음주의적 접근도 상술했다.

마지막으로, 단연 회유적인 정신으로 집필된 《크리스천의 자유》에서 그는 루터교 영성의 핵심을 설명했다.

《크리스천의 자유》는 두 진술에 기초를 둔다.

크리스천은 그 누구에게도 지배받지 않는 완전하게 자유로운 만사의 주관자다. 크리스천은 모든 사람에게 완전히 충실한 종이며, 모든 사람의 지배를 받는다. 이 두 진술이 서로 모순되는 것 같아도 루터는 복음서에서 이 두 진술이 훌륭하게 들어맞는다고 주장한다.

오로지 예수님의 사랑을 통하여 죄인이 죄를 용서받고, 하나님과 올바른 관계에 놓이고, 신자는 죄 사함을 은혜의 선물로 인지하면서 믿음으로써 이 사실을 받아들이므로, 크리스천은 용서를 받기 위하여 하나님께 선행을 바쳐야 하는 모든 필요나 강박증에서 완전히 해방되었다. 그는 구원을 받기 위한 교회 조직이나 세상적인 중재에 대한 모든 의존에서 자유로워졌다. 그는 오로지 하나님과 그리스도를 바라보고 믿는다. 따라서 하나님 이외의 다른 것의 지배를 받지 않는다.

그러나 예수 그리스도 안에서, 그리고 그분을 통하여 구원이라는 값없는 선물을 받은 신자의 믿음이 보이지 않는 성령을 통하여 그리스도와 크리스천을 연합하는 바로 그 연결 고리다.

그리스도가 구세주로서 모든 사람을 섬기는 고난을 받으신 종이므로, 믿음과 사랑으로 그분과 연합한 사람들은 하나님의 사랑으로 모든 사람을 사랑하는 그의 사명을 공유해야 한다.

이런 의미에서 그리스도의 몸에 속한 크리스천은 모든 사람에게 완전히 충실한 종이며, 모든 이의 지배를 받는다.

이 논문은 순수한 루터교 교훈이 선행을 전적으로 옹호하며, 기독교 생활이 이것이 절대적으로 필요하다고 본다는 것을 입증한다. 그러나 믿음은 사랑 안에서 사랑을 통하여 역사하기 때문에 이는 믿음의 열매여야 한다.

그리스도의 사랑으로 이웃을 사랑하고자 하는 전심의 헌신이 없는 이상, 믿음으로 하나님과 올바른 관계를 맺는 일이란 없다. 정말로 마음이 푸근해지는 논문이다!

60

《간단하게 기도하는 법》
A Simple Way to Pray
마틴 루터(1483-1546) 지음

1535년, 강력한 독일 개신교 지도자인 루터에게 그의 이발사인 피터 베스켄도르프가 어떻게 기도를 준비하고, 어떻게 기도하는지를 가르쳐 달라고 요청했다. 그래서 루터는 집에 돌아가서 좋은 친구를 위하여 짧은 논문인《간단하게 기도하는 법》을 썼다. 그가 하는 말은 '복음주의 묵상의 순수한 설명' 이라 불린다.

루터는 자신의 체험을 언급하면서 이렇게 시작한다.

"내가 다른 일과 생각 때문에(육신과 사탄은 기도를 항상 막고 방해하므로) 기도하는 데 냉담해지고 마음이 내키지 않는 기분이 들 때마다 나의 작은 시편집을 들고 급히 내 방으로 들어가거나, 대낮이고 시간이 난다면 다른 사람들이 모인 교회로 가서 십계명과 사도신경을 외우기 시작한다. 그런 다음 시간이 나면 어린아이들이 그러듯이 속으로 그리스도나 바울 또는 시편의 말씀을 조용히 외운다."

루터는 이 조용한 성구와 사도신경 암송으로 마음이 따뜻해지면 무릎을 꿇고 예수 그리스도의 이름으로 도움과 자비를 구하면서 하늘에 계신 아버지께 기도하라고 조언한다. 또한 실제로 기도문을 제시하기도 한다. 그는 이어서 그의 이발사가 주기도문을 한 문장씩 사용하고 생각하면서 각 문장에서 시작하여 이를 확장 기도문으로 만들고, 십계명과 사도신경도 이렇게 할 것을 조언한다. 이 중재 기도의 예문도 제공된다. 루터는 기도를 마치기 위하여 감사 기도를 드리고, 믿지 못하고 감사하지 못한 점을 고백하며, 주 예수님 안에서 올바르고 확고한 믿음을 구하라고 조언한다.

루터의 목표는 교훈과 묵상, 신학, 그리고 기도를 통합하는 것이므로 어쩌면 이 짧은 논문을 십계명, 사도신경, 그리고 주기도문에 기초를 두고 있는 루터의 《소요리문답》(Small Catechism, 1529)과 동시에 읽는 것이 가장 좋을지도 모른다.

그는 기도를 소홀히 하고, 행함을 기도라고 생각하고 싶어하는 유혹을 잘 알고 있었다. 그래서 그의 이발사에게 이렇게 말했다.

"필요하지만 결국 진정한 기도가 아닌 각종 일을 기도로 해석하지 말고, 따라서 기도 그 자체에 무관심해지고, 게을러지며, 냉담해지고, 싫증이 나지 않도록 조심해야 한다. 왜냐하면 우리를 따라다니는 사탄은 게으르거나 무관심하지 않으며, 우리 육신은 여전히 너무나 활동적이며, 죄를 범하고 싶어하고, 기도의 정신에 반대되는 성향을 띠고 있기 때문이다. 우리는 '쉬지 말고 기도하라'는 말씀과 하나님을 두려워할 필요, 그리고 시편 1편이 '복 있는 사람은……그 율법을 주야로 묵상하는 자로다'라고 명시하듯이 그분의 계명을 따르라는 부르심을 우리 목전에 계속 두어야 한다."

루터는 개인적인 체험과 진심으로부터 우리에게 말한다. 그의 기도와 묵상하는 방식은 오늘날 한물갔지만 어쩌면 부활될 때가 되었는지도 모른다. 특히 복음주의 교파 사이에서 말이다!

61

《필로칼리아》
Philokalia

고린도의 성 마카리우스(1731-1805),
성산의 성 니고데모(1749-1809) 편집

《필로칼리아》('아름다운 것에 대한 사랑')는 18세기에 그리스 정교회의 영적 부흥을 갈망했던 어느 단체의 두 명의 지도자가 글을 모아 엮은 명문집이다. 이 책에 나오는 저자들은 모두 정교회의 영적 대가들이며, 이 글들이 집필된 시대는 4세기부터 15세기까지다. 마카리우스가 원래 본문을 선정했고, 니고데모가 그의 작업을 교정하고, 각 저자에 관한 소개와 주석을 추가한 것 같다. 이 책은 1782년 베니스에서 처음 출간되었고, 그 이후로 루마니아어와 러시아어를 포함하여 그 밖의 슬라브 언어로 번역되었다. 명문집 전체의 영문 번역본은 최근에 완성되었으며, 5권으로 된 역본으로 구할 수 있다. 또한 명문집의 발췌문도 한 권의 영문 번역본으로 출간되기도 했다.

《필로칼리아》에 수록된 저자들 가운데 이 책에서 별도로 열거되어 있는 사람이 몇 명 있다. 그 중에는 그레고리오 팔라마스(Gregory Palamas)와 막시무스 콘페소르(Maximus the Confessor) 등이 있다. 하지만 명문집에는 30여 명의 저자들의 글이 수록되어 있으며, 이 책은 헤시카즘(hesychasm)이라 알려진 정교회 영성 전통에 대한 주요 원전이다. 이 책은 특히 호흡 조절을 포함한 신체적 기술을 동반하는 '예수 기도'(주 예수 그리스도시여, 죄인인 나를 불쌍히 여기소서)의 사용법을 수록하고 있다. 이 기도에는 변신하신 그리스도 안에서, 그리고 그분을 통하여 나타난 바로 그 빛인 성광의 체험이 있다.

이 명문집은 폭넓은 영역을 다룬다. 여기에는 악한 생각의 제거, 미덕의 개발, 열정의 통제와 올바른 조절, 성경의 영적 해석, 자연계와 하나님의 자아 계시에 대한 묵상, 마음의 진정한 기도, 예수 기도와 호흡 조절, 예수 그리스도 앞에 하나님의 영광과 은혜, 성령을 통한 성육적 말씀에 의한 전인격의 성화, 그리고 그 밖의 중요한 주제 등이 포함된다. 이 책은 아토스 성산과 시내 산에서 유래한 정교회 수도원 전통의 본질을 담고 있다.

제2차 세계대전 이후로 《필로칼리아》는 점점 더 많이 읽히고 영향력을 행사하게 되었다. 하지만 일반 서구 크리스천이 쉽게 읽을 수 있는 책이 아니다. 이 책을 읽기 전에 《정교회와 전통의 입문》(*an introduction to the Orthodox Church and tradition*)[칼리토스 웨어(Kallistos Ware)나 존 마이엔도르프(John Meyendorff) 지음]뿐만 아니라 예수 기도가 사용될 수 있는 특정 방법을 알려 주는 《순례자의 길》(*The Way of a Pilgrim*)이라는 작은 책을 읽는 것이 좋을 것이다. 어쩌면 《필로칼리아》는 성숙하는 크리스천이 특별한 요점에 대해 특정한 지도를 받기 위하여 30명의 저자 중의 한 사람의 글을 이따금씩 참고할 수 있는 원전으로 보는 것이 가장 좋을지도 모른다. 그 영성을 서구 기독교로 흡수하는 것은 시간과 인내심을 요한다!

62

《폴리갑의 순교》
The Martyrdom of Polycarp
마르키온(d.c.160) 지음

폴리캅은 서머나 교회의 담임 목사이자 주교였으며, 2세기 중반 소아시아 로마 제국에서 선구적인 기독교 인물이었을 것이다. 로마에 있는 교회와 협의하기 위하여 로마를 방문한 이후 폴리캅은 이교도 축제 중 체포되었고, 그 이후로 그리스도에 대한 믿음을 버리라는 명령을 거부하여 화형을 당했다. 이 사건은 155년 2월 23일 또는 156년 2월 23일에 일어난 것으로 추정된다.

폴리캅과 동료 순교자들의 죽음 직후 서머나에 있는 그의 교회에 그 사건의 전말을 이야기해 달라는 요청이 도착했다. 이 요청은 30여 킬로미터 거리에 있는 필로멜리움 교회로부터 왔다. 따라서 그 사건을 목격한 마르키온(그에 대해 알려진 바가 없다)이 그 이야기를 썼다. 이 이야기는 우리가 갖고 있는 크리스천 순교자에 대한 가장 초기의 묘사다.

마르키온은 연로한 폴리캅이 어떻게 군중이 가득한 투기장에 끌려와서 로마 총독이 그의 신앙을 버리고 '카이사르의 행운으로' 맹세할 것을 명령했는지를 들려준다. 그러나 폴리캅은 이를 거부했고, 오히려 우상 숭배의 멸망을 외쳤다.

그러나 총독은 계속해서 그를 압박했다. "맹세를 하면 풀어 주겠다."

"너의 그리스도를 욕하거라." 그에 대해 폴리캅은 이렇게 답변했다. "내가 86년 동안 그를 섬겨 왔는데 나에게 아무런 잘못도 하지 않으셨다. 나의 왕이자 나의 구세주를 어떻게 모독할 수 있는가?"

그래도 총독은 계속해서 명령했고, 폴리캅은 하나님께서 이 세상을 주관하고 계시며, 종말에 모든 사람을 심판할 것이라는 내용의 긴 대화를 총독과 나누었다. 폴리캅이 말하는 동안 "그는 용기와 기쁨이 넘쳐 흐르고 있었으며, 얼굴 전체가 영광으로 빛을 발했다."

그 와중에 군중은 조급해지고 있었다. 이들은 그를 죽이라고 외쳤으며, 그를 묶어 놓을 화형장을 만들었다. 결국 그는 화형대의 기둥에 묶였으며, 그의 핍박자들은 나무에 불을 지필 준비를 했다. 그동안 폴리캅은 주 예수 그리스도의 아버지이신 전능하신 하나님 아버지께 기도를 드렸다. 불을 붙이자 이상한 현상이 나타났다. "불은 마치 배의 돛이 바람으로 가득 찰 때처럼 빈 방의 모양을 띠었고" 순교자의 몸 주위에서 벽을 이루었다. 그곳에 있던 사람들은 "향 또는 다른 비싼 풀과 같은 달콤한 향기를 맡았다." 실제로 그 불은 폴리캅을 태우지 않았다. 그래서 한 사람이 달려들어서 그를 단도로 찔러 죽였다.

나중에 백부장은 죽은 폴리캅의 몸을 태울 것을 명했다. 그를 불로 태운 뒤에야 크리스천들이 '보석보다 더 귀중하고, 순금보다 더 순수한 그의 시꺼멓게 탄 뼈'를 기독교식으로 장례식을 치르기 위하여 가져갈 수 있도록 허락을 받았다. 이는 기독교 영성이 예수님께 전부를 바치는 것을 수반한다는 것을 직접적으로 보여 주는 아주 감동적인 이야기다.

63

《자서전》
Autobiography
조지 밀러(1805-1898) 지음

프로이센에서 루터교 배경 속에 태어난 그는 유대인들의 선교사가 되기 위해 영국으로 유학을 갔지만 공개된 형제회(Open Brethren)의 회원이 되었다. 그는 1835년에 브리스톨에서 시작한 고아원과 자신과 그가 참여하고 있는 일에 대해 "오직 믿음만으로"라는 교리에 전적으로 헌신한 것으로 가장 많이 기억된다.

《자서전》은 그의 일기, 편지, 설교문, 그리고 그 밖의 글을 담고 있다. 다음은 그가 고아들과 하는 일에 관련된 1838년 1월 17일의 뜻 깊은 일기다.

주님은 나에게 아직 자비를 베푸신다. 나는 영혼의 뜨거움을 누린다. 나의 영혼은 오늘 여러 번 기도로 이끌렸으며, 상당한 시간 동안 기도를 했다. 나는 무릎을 꿇고 시편 68편 5절에 나오는 "하나님은 고아의 아버지시며"라는 말씀을 읽었다. 여호와의 이름 중에 하나인 이것은 고아와 관련된 일을 하는 나에게 특별한 축복이었다. 이 말씀에 담겨진 진리를 오늘만큼 크게 깨달은 적이 없다. 하나님의 도우심으로 어려울 때 고아들과 관계하는 것이 그분 앞에서 내 삶의 주제가 될 것이다. 그분이 이들의 아버지시다. 따라서 이들에게 필요한 것을 공급하시고 보살피시기로 약속하셨다. 그래서 나는 이 불쌍한 아이들의 필요를 그분께 상기시켜 주기만 하면 그분께서 공급하실 것이다. 나의 마음은 고아들과 관계하는 데 더 크게 열렸다. "하나님은 고아의 아버지시며"라는 이 말씀은 수천 명의 고아들을 하나님의 사랑이 넘치시는 품에 안겨줄 격려하는 마음을 충분히 담고 있다.

그래서 뮐러는 그렇게 행했다. 흔히 막판에 가서 하나님께서 이들의 필요를 어떻게 공급해 주셨는지에 관한 이 이야기는 읽기에 매우 유쾌하다.

뮐러는 아주 행복한 결혼생활을 영위했다. 아내를 위한 장례식 설교 중에 그는 회중에게 다음과 같이 설교했다.

하나님 안에서, 그리고 서로에 대한 우리 행복은 형언할 수 없었다. 우리는 매년 몇몇 행복한 나날이나 매년 행복한 몇 달을 보내지 않고 연중 12개월 동안 행복했으며, 따라서 매년 행복했다. 몇 번이고 나의 사랑하는 사람에게 이렇게 말했고, 우리 결혼 40주년에도 이 말을 되풀이해서 말했다. "여보 브리스톨이나, 세계에서 우리보다 더 행복한 부부가 있다고 생각해요?" 내가 왜 이 모든 말을 언급하는지 아는가? 이는 진정으로 독실한 아내가 남편에게 얼마나 큰 축복인지를 보여 주기 위해서다.

매일 아침 일찍 일어나서 성경 말씀을 읽고, 바로 그 아침에 천국에서 보내온 편지인 것처럼 그 말씀을 묵상한 다음 묵상으로 그의 마음과 정신이 움직이는 가운데 기도한 그의 이야기는 교훈적이다. 그는 올바른 기도 방법은 먼저 묵상한 다음 간구하고 중보 기도를 하는 것이라고 주장했다. 영혼은 하나님과 올바르게 대화를 나누고, 그분의 약속을 구하며, 그분께 큰 요청을 하기 위하여 말씀의 양식을 먹고 확장되어야 했기 때문이다. 그의 본보기는 오랫동안 우리에게 모범이 되고 있다.

64

《자기 생애를 위한 변호》
Apologia Pro Vita Sua
존 헨리 뉴먼(1801-1890) 지음

뉴먼은 19세기 영국의 탁월한 기독교 인물 중 하나다. 성공적인 옥스퍼드 학감 및 설교가인 그가 모든 것을 버리고 영국에 남아 있는 경멸받는 로마 가톨릭교의 일원이 된 자신의 이야기를 밝힐 의도는 결코 없었다.

하지만 찰스 킹슬리(Charles Kingsley)가 영향력 있는 잡지 〈맥밀런〉(*MacMillan's Magazine*)에 다음과 같은 글을 실었을 때 뉴먼은 《자기 생애를 위한 변호》를 쓸 수밖에 없었다. "진리는 진리로서 로마 가톨릭 성직자의 미덕이 되었던 적이 결코 없었다. 뉴먼 신부는 그럴 필요가 없으며, 최종적으로 그렇지 않은 것이 당연하다고 우리에게 가르친다."

뉴먼은 천성이 아주 소심했으며 민감한 사람이었고, 철저한 자아 성찰 뒤에야 하나님과 교회와 예수 그리스도께서 보여 주신 하나님의 진리와의 올바른 관계를 추구하면서 복음주의 교회에서 옥스퍼드 운동을 거쳐 가톨릭 신앙에 안착하게 된 그의 영적 순례에 관한 글을 집필하게 되었다.

이 책은 뛰어난 영어로 집필되었고, 초대 세기의 교부들에 의해 이루어진 성경 해석의 지배를 받고, 성경에 기초를 둔 영성을 논한다.

그는 안디옥의 이그나티우스에게서 성만찬과 주교가 성만찬에서의 진가를 인정하는 법을 배웠고, 아타나시우스에게서 삶과 신학을 위한 성육신의 핵심적 역할을 이해하게 되었으며, 첫 다섯 세기 동안 교회 내에서 이루어진 교리의 발전으로부터 로마 주교의 전략적인 역할을 알게 되었다. 그리고 교부들에게서 기도, 금식, 그리고 기독교 생활의 그 밖의 훈련의 큰 가치를 인정하게 되었다.

그의 생애에 관한 이야기는 그가 가톨릭 교회에 가입한 것으로 끝난다. 그러나 이 책은 거기서 끝나지 않는다. 그는 킹슬리의 글에 대한 전반적인 반박으로 여러 의견을 추가한다.

이 부분은 다음과 같이 시작된다.

> 내가 가톨릭교도가 되었을 때부터…… 나는 완전한 평안과 만족을 누렸다. 나는 일점의 의심도 없었다. 나의 개종에 내가 이전에 가졌던 내면적인 생각이나 천성의 변화를 의식하지 못했다. 계시나 자제라는 근본적인 진리에 더 확고한 믿음도 의식하지 못했다. 더 많은 열정도 없었다. 하지만 거친 바다를 거친 뒤 항구로 돌아오는 기분이었으며, 이 점에서 나의 행복은 방해 없이 오늘날까지 지속되고 있다.
>
> 또한 영국 국교회 신조에 없는 추가적인 신조를 받아들이는 데 어떠한 문제도 없었다. 그들 중 몇몇은 이미 믿고 있었지만 이 신조들 중 어떤 것도 나에게 시험을 주지 않았다. 나는 입회할 때 이 신조를 너무나 쉽게 고백했고, 지금도 이를 믿는데 그때와 똑같이 편안하다.

그는 이러한 몇몇 신조에 따라다니는 어려움에 민감했지만 이것이 그 신조를 의심할 이유가 되지 않았다고 계속해서 설명해 나갔다.

65

《서신집》
Letters
존 뉴턴(1725-1807) 지음

뉴턴은 아마 오늘날 특정 유명한 찬송가("나 같은 죄인 살리신" "귀하신 주의 이름은" "시온성과 같은 교회")의 작사자로 가장 잘 알려져 있을 것이다. 하지만 그는 18세기 후반과 19세기에 뛰어난 편지 저자로 유명했다. 확실히 그가 윌리엄 카우퍼(William Cowper)와 함께 작사한 "올니 찬송가"(*Olney Hymns*, 1779)가 인기 있었고 많은 교회에서 불렸지만, 많은 사람이 읽은 책은 그가 지은 《카디포니아》(*Cardiphonia*, 1781)였다.

이 책은 그의 종교 서신 중에서 한 발췌문을 담고 있다. 또한 알렉산더 휘트(Alexander Whyte)가 "강렬하고, 명확하며, 균형 잡히고, 관용구가 많은 영문체로 씌어진 순수하게 사도적이고, 복음주의적인 진리"라고 1911년 판 서문에 극찬한 글도 수록하고 있다. 이 책의 쉽고 자연스러운 문체와 진실성, 열정, 거의 여성적인 부드러움과 더불어 복음주의적 믿음과 진리의 생생한 표현은 이 책을 곧바로 유명하게 만들었다. 그리고 뉴턴에게 복음주의 부흥에서 가장 독특한 역할을 하게 해 주었다.

그의 서신에 다른 발췌문도 있다. 《오미크론》(*Omicron*, 1774)과 《아내에게 보내는 편지》(전2권, 1793)에 우리 주 예수 그리스도 안에서 하나님의 은혜를 개인에게 전하는 저자로서 그의 능력과 부드러움에 대한 추가적인 예가 있다. 그는 아내를, 그가 걱정하길 우상 숭배적인 사랑으로 사랑했다고 고백했는데, 1791년 암으로 죽은 그 아내에게 보낸 편지는 상당히 감동적이다. 이제 이 세 가지 서신의 집대성본 중에 완전판을 하나라도 구하기가 어렵지만, 발췌된 글은 《존 뉴턴의 서신집》이라는 제목 아래 출판되어 왔다. 다음은 《카디포니아》에서 그가 주님의 뜻에 순종하는 것에 관해 쓴 편지다.

우리가 바라고 계획하는 것이 우리에게는 확실히 자연스럽다. 그리고 주님 안에서 우리 계획을 좌절시키고, 우리 소망을 방해하는 것도 하나님 덕분이다. 우리는 자신의 의지를 멀리하고, 단지 그분의 인도하심으로 지도를 받는 것을 열망하지 않으면 안전하거나 하물며 행복할 수 없다. 이 진리(우리가 말씀에 교화되었을 때)는 판단하기에 충분히 익숙하다. 그러나 우리는 실망이라는 학교에서 한동안 훈련을 받지 않고는 그것을 실천하는 법을 거의 배우지 못한다. 우리가 세우는 계획은 너무나 그럴듯하고 편리해 보여서 그것이 좌절되면 "아깝구나!"라고 말할 준비가 되어 있다. 우리는 다시 한 번 시도하지만 성공하지 못한다. 우리는 비탄에 빠지며 어쩌면 화가 나기까지 하며, 또 한 번 계획을 세우고 계속해서 시도한다. 그러다 시간이 흐르면 우리 자신을 위하여 올바르게 선택할 수 없고 하물며 그럴 자격도 없다고 경험과 관찰이 우리를 설득하기 시작한다. 그때 우리 염려를 그분께 맡기라는 주님의 초대와 그분이 우리를 보살펴 주시겠다는 약속이 가치 있어 보인다. 그래서 우리가 그분께 모든 것을 맡기면서 계획을 다 세우고 나면 그분의 계획이 점차 우리에게 유리하게 풀리기 시작하며, 우리가 구하거나 생각할 수 있는 것보다 그분께서 우리를 위하여 그 계획을 더 많이, 그리고 더 잘 풀리게 해 주신다.

비록 사회적 상황이 많이 변했지만 그가 논하는 영적 주제는 우리를 영원히 따라다니는 것 같다.

66

《하나님의 비전》
The Vision of God
쿠사의 니콜라스(1401-1464) 지음

이 책은 비록 이성만으로 하나님을 보거나 알 수 없다는 것을 안다 하더라도 그들의 영성에 지성적인 맥락의 필요를 느끼는 사람들을 위한 책이다. 니콜라스는 모젤에 있는 큐스 출신이며, 철학자, 신학자, 그리고 추기경이었다. 그는 당시의 성직에 많이 관여하고 있었지만 글을 쓸 시간을 따로 만들었다. 그의 주요 작품은 《학습된 무지에 대하여》(*On Learned Ignorance*, 1440)라는 이상한 제목을 가졌다. 그는 하나님께서 무한하게 광활하시며, 동시에 무한하게 작으시다고 가르쳤다. 즉 그분은 최대이면서도 동시에 최소이고, 우주의 중심이면서도 주변이시며, 어디에나 계시면서도 아무 데도 안 계시고, 하나뿐이거나 세 분도 아니시며, 오히려 하나에 세 분이 계시며, 세 분에 하나시라고 가르쳤다. 진리로 향하는 길은 이성과 모순의 원리를 초월한다. 직관적 통찰을 통해서만 하나님을 '발견' 할 수 있기 때문이다. 따라서 어떤 것에 대해서도, 그리고 특히 하나님에 관한 진리 전체를 제어할 수 없음과 그 무력함은 인간 지식이 이해하는 것의 출발점이다. 믿음은 이런 학습된 무지의 상태를 이끈다.

《하나님의 비전》은 이 학습된 무지를 지성적인 배경으로 두고 있다. 그가 이 책을 신비주의적 신학에 대해 도움을 요청했던 테게른제에 있는 베네딕트 수사들에게 보냈을 때, 모든 방향에서 보는 것처럼 보이는 얼굴의 형상을 한 성화상과 함께 보냈다. 그렇기 때문에 이 책의 전체 제목은 《하나님의 비전과 성상》(The Vision of God and the Icon)이다. 니콜라스의 의도는 수사들이 책을 읽으면서 그 성상을 바라보는 것이었다.

이 책에는 25편의 묵상이 수록되어 있으며, 첫 10편은 성상에 있는 '얼굴'과 관련되어 있다. 다음 5편은 독자에게 가장 난해하다. 《학습된 무지에 대해서》에 나온 논증에 대한 논평이기 때문이다. 여기서 그는 독자로 하여금 하나님의 비전을 명상하도록 안내하는 데 필요한 요점을 포착한다. 마지막 10편의 묵상에서 그는 삼위일체로서 하나님과 하나이신 그리스도 안에서의 신성과 인성의 연합을 묵상한다.

이 두 권의 책에 표현된 하나님의 체험은 이루 말할 수 없고, 형언할 수 없는 달콤함과 지성적으로 정리된 기쁨이다. 그런데 그리스도를 통하여 열리고, 그리스도 안에서 절정에 도달하는 묵상적 차원은 또한 교회와 세상 안에서 그리스도와 함께 능동적인 차원이 되기도 한다. 중재자 그리스도는 하나님과 인간뿐만 아니라 묵상적 생활과 능동적인 생활도 연합시키신다. 이런 식으로 믿음이 사랑 안에서, 그리고 사랑에 의해 역사한다. 그래서 니콜라스는 이 행복한 연합을 기도와 활동, 명상과 책임감, 중재와 리더십, 예배와 교회 조례, 믿음과 성찬, 사랑과 선행으로 특징지워진 자신의 삶으로 보여 주었다.

"하나님 안에서 하지 않는 한 이웃을 사랑하는 것만으로 충분치 않다. 또한 성찬식의 존재는 당신이 그리스도의 몸과 그리스도의 머리의 연합에 가입할 수 있도록 구원에 필요하다. 안 그러면 살 수 없기 때문이다."

67

《팡세》
Pensées

블레즈 파스칼(1623-1662) 지음

이탈리아에는 단테가 있고, 영국에는 셰익스피어가 있듯이 프랑스에는 파스칼이 있다. 그는 부를 유산으로 물려받았지만, 그의 조숙하고 뛰어난 지성으로 과학자뿐만 아니라 저술가가 되었다. 그에게는 가톨릭 신앙의 기독교가 중심이었으며, 그는 두 번의 개종 체험을 했다. 첫 번째 체험은 유명무실한 기독교에서 하나님에 대한 진지한 탐구로 전환하고 인간의 죄성과 하나님의 은혜를 아주 심각하게 받아들인 것이다. 두 번째 체험은 그가 1654년 11월 23일 진정으로 살아 계신 하나님을 만났다고 믿었을 때다. 이 체험은 하나님과 인류에 대한 그의 의견을 집필하도록 했으며, 그는 이 체험을 다음과 같이 설명했다.

대략 밤 10시 30분경부터 12시 30분까지. 불이었다. 아브라함의 하나님. 이삭의 하나님. 야곱의 하나님. 철학자와 학자들이 말한 신이 아니었다. 확신. 확신. 느낌. 기쁨. 평안. 예수 그리스도의 하나님. "내 하나님 곧 너희 하나님"(요 20:17). 하나님 이외 세상과 모든 것을 잊었다. 그분은 복음서에서 가르친 대로만 찾아야 한다. 인간 영혼의 위대함. "의로우신 아버지여 세상이 아버지를 알지 못하여도 나는 아버지를 알았삽고"(요 17:25). 기쁨, 기쁨, 기쁨, 기쁨의 눈물. 이전에 나는 자신을 그분과 분리시켰다. "곧 생수의 근원 되는 나를 버린 것"(렘 2:13), "나의 하나님, 나의 하나님, 어찌하여 나를 버리셨나이까"(마 27:46).

그분과 영원히 분리되지 않게 하소서. "영생은 곧 유일하신 참하나님과 그의 보내신 자 예수 그리스도를 아는 것이니이다"(요 17:3). 예수 그리스도. 예수 그리스도. 이전에는 나 자신을 그분과 분리시켰었다. 그분으로부터 도망치고, 그분을 부인하며, 십자가에 못 박았다. 그분과 다시는 분리되지 않게 하소서. 복음서에서 가르친 대로 그분을 끝까지 붙잡아야 한다. 완전하고, 달콤한 자기 포기. 나의 주인이신 예수 그리스도에 대한 완전한 순종. 이 땅에서 하루의 훈련은 영원한 기쁨을 위한 것이다. "주의 말씀을 잊지 아니하리이다"(시 118:16). 아멘.

물론 불은 거룩하되 은혜로운 하나님의 임재하심을 나타내는 낯익은 성경적 상징이다.

《팡세》는 이 주제와 그 밖의 주제들을 가져다가 우리 주 예수 그리스도의 아버지이신 하나님에 대한 신실함과 믿음을 통해서만 삶에서 진정한 행복을 찾을 수 있다고 주장한다. 이 글은 '파스칼의 내기'—하나님의 존재는 인간의 생각으로 증명할 수 없다. 하지만 하나님께서 정말로 존재한다는 것을 내기하는 것은 합리적이다—로 알려진 것을 담고 있다. 실제로 존재하는 신은 철학자들의 신 또는 인간 논리의 대상인 신이 아니라 이스라엘 조상의 신, 불, 계시, 은혜와 영광의 신, 그리고 예수 그리스도로 성육신하신 신이다. 이 신만 천성적으로 죄 많은 인간을 구속하고 이들의 마음을 사랑으로 채울 수 있다. 따라서 이 책은 한 번에 탐독해야 할 책이 아니라 독서와 시간이 허락된다면 파스칼의 통찰을 심사숙고해야 하는 책이다.

68

《기도와 묵상론》
On Prayer and Meditation
알칸타라의 성 베드로(1499-1562) 지음

성 베드로는 스페인의 살라만카 대학에서 공부한 뒤 프란체스코 수도회에 입회하여 1538년에는 대교구장이라는 계급까지 올랐다. 그는 가장 엄격한 형태의 프란체스코회 규칙이 준수되는 수도원인 스페인 맨발의 프란체스코 수도원을 설립했다. 그는 이런 말을 한 것으로 유명하다. "나의 몸과 나는 계약을 맺었다. 이 세상에 사는 동안 이 몸은 끊임없이 고난을 받아야 한다. 하지만 내가 천국에 가면 영원한 안식을 줄 것이다."

성 베드로가 기도와 묵상의 훈련에 관해 평신도에게 한 권고는 그의 *Tratado de la oracion y meditacion*(1556)에 자세하게 설명되어 있다. 많은 사람이 이 책의 가치가 금만큼 무게가 있다고 생각했기에 몇몇 영문 번역본에는 *A Golden Treatise on Mental Prayer*(1623년, 1904년, 1940년 판 등)라는 제목이 붙었다. 이 책에서 베드로는 묵상 방법과 14편의 묵상 사례를 제시한다.

성경 본문이나 주제에 관해 묵상하는 방법은 간단하다. 먼저 죄를 자백하고, 성령의 조명을 구하는 것을 포함하여 마음을 영적으로 준비한다. 두 번째로, 천천히 주의 깊게, 그리고 기도하는 마음으로 그 구절의 단어와 문구, 그리고 문장을 하나하나씩 읽고 그 전체가 주님으로부터 온 것이라고 본다. 세 번째로, 상상력 또는 이해력 둘 중의 하나가 지배적일 실제로 묵상하는 단계가 있다. 본문이 복음서의 일부라면 상상력으로 그 장면을 머릿속에 그리고, 예수님의 말씀에 귀 기울이며, 그분의 임재와 말씀, 그리고 행사의 능력을 오감으로 음미한다. 만약 본문이 직접적인 가르침이라면 주님께서 개인적으로 주신 말씀인 것처럼 소화하기 위하여 그 주제를 두루 살펴보면서 이해할 필요가 있을 것이다. 네 번째로, 하나님의 메시지를 읽고 전유했다면 그분의 은혜와 호의에 대해 감사를 드리는 게 마땅하다. 다섯 번째로, 기도하면서 자신을 하나님께 바친다. 그분께서 자신의 삶을 사용하고, 인도하며, 형성하고, 정결케 해 달라고 구한다. 마지막으로, 하나님께 청원하고 중보 기도를 한다.

베드로는 묵상과 명상의 차이를 이런 식으로 설명했으며, 다음과 같이 독자들이 참된 명상 기도를 체험하기를 바랐다.

우리는 묵상과 명상을 합치려 해야 한다. 전자가 후자를 달성하기 위한 사다리로 만들면서……묵상이라는 의식은 면학성과 주의력을 가지고 신성한 것들을 차례차례 심사숙고하면서 그것들에 대해 애정과 깊은 감정을 갖도록 마음을 움직이는 것이다. 그것은 마치 불꽃을 일으키기 위하여 부싯돌을 치는 것과 같다. 명상이란 이 불꽃을 얻은 것이다. 내가 말하고자 하는 것은 이제 우리가 찾았던 이 애정과 감정을 발견하고, 논증적이거나 지적인 사색이 아닌 진리를 단순히 응시함으로 평안과 침묵 속에서 이를 즐기는 것이다.

묵상하는 것도 좋지만 명상하는 것은 더 좋다!

69

《12명의 조상과 신비의 방주》
The Twelve Patriarchs and The Mystical Ark
성 빅토르의 리카르도(c.1123-1173) 지음

아우구스티누스 참사회(Augustinian Canons Regular)의 본부인 성 빅토르 수도원은 성 빅토르의 휴에 의해 번창했다. 리카르도는 휴를 존경하는 제자였다. 사실 리카르도는 1159년에 부수도원장이 되었고, 1162년에 수도원장이 되었다. 그는 신학자로서 그의 위대한 작품인《삼위일체론》(On the Trinity)은 유명하다. 이 책에서 그의 신비주의적 신학을 엿볼 수 있으며,《12명의 조상과 신비의 방주》에서 이를 더 쉽게 공부할 수 있다. 이 책은 흔히 각각《소 베냐민》(Benjamin Minor)과《대 베냐민》(Benjamin Major)으로 불린다. 그리고 야곱의 아들인 베냐민이 첫 번째 책에서 명상을 상징하는 데 사용되고, 두 번째 책(첫 번째 책보다 2배나 길다)에서도 베냐민이 관련되어 사용되기 때문이다.

첫 번째 책은 야곱의 두 부인(레아와 라헬)을 영적 생활의 능동적인 측면과 명상적인 측면으로 상징화하는 비유를 많이 사용한다. 12명의 조상의 막내이고 라헬의 아들인 베냐민은 도덕적 삶의 면류관인 명상을 가리킨다.

더 긴 두 번째 책은 첫 번째 책에서 라헬에 관해 한 설명을 발전시켜서 여섯 가지 명상 방법을 설명한다.

언약의 방주의 6가지 특징(하나님께서 모세에게 보여 주신 계획)은 하나님을 명상하는 여섯 가지 방법을 나타낸다. 즉 나무(순수한 상상), 금과 면류관의 도금(상상과 이성의 두 가지 조합), 금으로 만든 하나님의 보좌(순수 이성), 그리고 두 개의 금으로 만든 그룹(지적 통찰의 두 단계)을 나타낸다.

여기 깊은 심리적 이해를 활용하는 명상 기도의 방법에 대한 심원한 분석이 있다는 데 의심에 여지가 없다. 성경의 비유적 해석은 처음에는 낯설지만 방법을 납득하면 곧 이해가 된다. 하지만 그가 하는 대부분의 말은 명확하고 이해하기 쉽다. 예를 들어 그는 이렇게 썼다.

"정신을 확장시킴으로 일어나는 명상 방법은 세 단계인 기술, 수련, 그리고 주의력에 따라 증가하는 데 익숙하다. 우리는 정확한 가르침이나 일을 어떻게 해야만 하는지에 대한 폭넓은 연구로부터 배울 때 무언가를 하기 위한 기술을 충실히 습득한다. 수련이란, 우리가 기술이라는 수단으로 얻은 것을 사용하고, 그런 기능을 수행하는 데 자신을 준비시킬 때를 말한다. 주의력이란 우리가 성취한 것을 열의를 갖고 세심하게 추구할 때를 말한다. ……그래서 이 세 단계로 정신의 내면 깊숙한 곳이 확장되고, 어떤 배움이나 기술도 가능하게 만든다."

신성한 진리로 정신을 확장시키는 것과 더불어 하나님 안에서 기쁨이 온다. 이 기쁨으로 명상이 한층 더 강렬해지고, 풍부해지면 무아경이 된다.

명상 기도는 중세 시대에 하나님을 섬기는 인간에게 가장 높은 부르심에 속하는 것으로 여겨졌다. 이 두 권의 책은 바로 이 명상 기도 방법을 진지하게 발견하고 싶어하는 사람들을 위한 책이다.

70

《사랑의 불》
The Fire of Love
리처드 롤(c.1300-1349) 지음

요크셔의 소턴 르 데일(Thorton-le-Dale)에서 태어난 롤은 옥스퍼드 대학에서 공부한 다음 영국 북부로 돌아갔다. 은자가 된 그는 결국 돈캐스터 인근 햄폴에 있는 시토 수도회 수녀들의 영성 지도 신부가 되었다. 그는 풍부하고 다채로운 문체의 라틴어와 영어로 된 글의 저자였으며 흔히 고도의 두운체를 썼다. 《사랑의 불》은 1343년에 집필되었으며, 그의 작품 중 가장 잘 알려져 있다. 이 책은 실제로 은자의 삶에 관련된 주제에 관한 논문집이다. 롤은 머리말에서 그가 선택한 삶이 진정한 기쁨을 가져다준다는 확신을 표현한다. 다음 11단원은 은거의 삶을 시작하는 데 관련된 내용에 집중된다. 나머지 단원은 명상 기도에 몰두하는 은자의 삶의 여러 가지 어려움을 다루는 반면에 다음 두 단원은 권고보다는 자서전을 제공한다.

머리말의 첫 글은 책의 제목에 대한 핵심을 제시한다. 롤은 다음과 같이 설명한다.

처음으로 나의 마음이 따뜻해지는 것을 느꼈을 때 내가 얼마나 놀랐는지 모른다. 그것은 상상이 아니라 정말로 따뜻했다. 그리고 실제로 불이 붙은 듯한 느낌이었다. 나는 그 열이 위로 올라왔던 방식과 이 새로운 감각이 크고, 예상치 못한 위안을 가져다준 것에 놀라움을 금치 못했다. 이에 대하여 다른 신체적인 이유가 없는지 확인하기 위해 계속해서 내 가슴을 만져 보아야만 했다! 그러나 일단 그 느낌, 이 사랑의 불에 물질적이거나 죄 있는 원인이 없었으며, 전적으로 내면에서 오는 우리 창조주가 주신 선물이라는 것을 깨달았을 때 나는 정말로 기뻤고, 사랑이 더 커지기를 바랐다.

이 책에서 그는 하나님께서 우리에게 하신 사랑의 반응으로 영혼이 하나님을 사랑하는 것에 대해 할 말이 많다. "이 일(명상 기도)로 일어나는 사랑은 어떤 불타는 숯보다 더 뜨겁고, 우리에게 틀림없이 흔적을 남길 것이다. 이는 우리 영혼을 타오르고, 빛나게 만들 것이기 때문이다." 이 사랑의 불은 "그리스도를 발견하고 우리 마음속으로 모셔오며, 우리 정신을 향기롭게 하여 우리 마음에서 찬미의 찬양이 터져 나오고, 영적 음악 속에서 기뻐 뛰게 하는" 바로 그 사랑이다. 롤은 "진정한 달콤함에 취하게 하며, 거룩한 아름다움으로 기뻐하는" 이 사랑과 비견될 수 있는 기쁨이 없다고 믿었다. 그 사랑을 받는 영혼은 거룩한 불로 깨끗해지며, 그 안에 부패나 어두움이 남아 있지 않기 때문이다.

롤은 다음과 같이 고백한다.

> 사랑은 이성적인 피조물이 이제까지 얻을 수 있는 것 중에 가장 달콤하고, 유익한 것이다. 하나님께 가장 용납될 만하고, 기쁘시게 하는 이것은 하나님과 연합할 때 풍부한 지혜와 달콤함으로 영혼을 구속할 뿐만 아니라 인간이 허황된 기쁨을 좇거나 여러 종류의 잘못된 생각을 좇아 방황하지 않도록 혈육으로도 남아 있다. 이런 사랑을 통하여 마음은 건강해지고, 우리 삶은 의미와 힘을 찾는다. 내가 이보다 더 좋고, 달콤한 거처를 찾은 적이 없다는 것이 당연하다. 왜냐하면 사랑은 나와 사랑을 연합시켜 둘을 하나로 만들기 때문이다.

그의 책을 읽으면 마음이 따뜻해질 것이다!

71

《믿음의 삶, 동행, 그리고 승리》
The Life, Walk and Triumph of Faith

윌리엄 로메인(1714-1795) 지음

로메인은 18세기 복음주의 대각성의 지도자 중 한 사람이다. 그는 교구 목사로 남았으며, 웨슬리 형제들처럼 여기저기 여행하지 않았다. 1766년부터 그는 런던 블랙프라이어스에 있는 성 앤 수도원의 원장을 지냈다. 그의 3부작은 1771년과 1794년에 단계별로 나왔고, 그 이후로 완전판으로 출간되었다.

본문은 성경 인용과 암시로 가득하지만 그 의미는 아주 명확하다. 크리스천의 생활은 믿음을 통하여 은혜에 의한 것으로 제시된다. 그리스도와의 연합은 믿음 안에서 성령에 의한 것이고, 또한 그리스도와 동행하면서 하나님 아버지를 겸손히 믿는 것이라고 할 수도 있다. 신자들에게는 천국에서 하나님의 사랑과 영광 속에 기뻐하는 가운데 주님을 볼 것이며, 그의 믿음이 승리할 것이라는 소망이 있다. 그러므로 그는 다음과 같은 말로 자주 기도할 것이다.

나의 영혼이 갈망하는 가장 경애하는 예수님, 주님을 마주 보고 향유하게 하소서. 믿음으로 당신에게 붙어 사는 것도 좋지만 당신과 함께 사는 것이 무엇보다도 좋습니다. 당신과 달콤한 대화를 나누며 당신의 궁정에서 보내는 하루가 1,000일보다 낫다는 것을 알았습니다. 그러나 이는 나의 갈망을 자극하기만 했습니다. 내가 당신과 더 많은 교제를 나눌수록 더 많은 것을 갈망합니다. 나의 영혼은 당신과 더욱더 가까운 교제를 열망합니다. 내가 언제 하나님의 임재하심 앞에 나타날 것인가요? 오 나의 삶의 빛이요, 마음의 기쁨이신 주님, 당신은 나의 믿음의 여정이 끝나기를 열망하는지 아십니다. 그때는 더 이상 유리를 통하여 당신을 희미하게 보지 않고 맨 얼굴로 나의 주님의 영광을 보리라. ……오소서, 주 예수님, 당신을 있는 그대로 보게 하소서. 오셔서 나도 주님처럼 만드소서. 나는 정말로 당신을 사랑합니다. 이제 당신의 사랑 안에 행복합니다. 그러나 내가 바라는 만큼은 아닙니다. ……그래도 오소서, 주 예수님.

로메인은 그런 영혼의 호흡이 진정으로 믿음으로 생활하고 신앙 생활을 하는 모든 사람에게 일어날 것으로 기대했다. 그리스도가 주인으로 지배하는 천국의 나라인 초자연적 세상에 속한다는 자각은 그의 영성과 신앙에 기본이다.

이 3부작의 매력적인 특징 중의 하나는, 로메인이 삼위일체 교리와 같은 고차원적인 주제에서 성부, 성자, 성령이신 하나님의 은혜에 대한 묵상, 그 다음에 스스로 자신을 위해 먼저 기도한 모든 흔적을 지닌 기도를 설명하는 것으로 넘어간다는 점이다. 교리는 실제적이며, 거룩함은 교의적이다. 믿음이란 신뢰하고 믿는 것이다. 하지만 신뢰받는 하나님과 믿는 약속은 받아들여지고, 묵상해야 하는 내용이 있다. 실례는 적지만 내용은 명확하다. 하지만 로메인은 성경 말씀에 너무나 깊이 몰두하고, 거기서 직접적으로 인용하지 않을 때조차 이를 반영하기 때문에 '성경의 내용'을 잘 알고 있는 사람만이 그의 진가를 제대로 인정할 수 있다.

이 3부작의 1970년 판(제임스 클라크)에 실린, 내가 집필한 로메인의 자서전도 읽어 보기 바란다.

72

《서신집》
Letters

새뮤얼 러더퍼드(1600-1661) 지음

스코틀랜드 커쿠드브라이트셔에 있는 안워드의 목사로서 그는 그리스도의 사랑스러움에 대한 묘사로 그의 교인들을 넋을 잃게 하면서 목회 사역에 자신을 아낌없이 바쳤다. 이곳에서 그의 사역은 1627년부터 1636년까지 가장 많은 결실을 보았다. 그때 그는 비국교도였기에 목사직을 박탈당했고 애버딘 감옥에 수감되었다. 러더퍼드는 여기서 예전의 양들에게 편지를 썼으며, 앤드루 보나르가 수집한 이 편지들이 스코틀랜드와 다른 곳에서 헌신의 보물로 간주되어 왔다. 그는 1638년에 감옥에서 풀려났으며, 안워드로 돌아가 짧은 시간을 보낸 뒤 성 앤드루 대학의 신학 교수가 되었다.

러더퍼드는 우리 주님에 대한 은혜와 지식에서 성장할 수 있는 삶의 기회를 낭비한 것에 대하여 윌리엄 고든(William Gordon)에게 다음과 같은 편지를 썼다.

"아아! 이생에서 만나는 날카롭고 가차 없는 공격은 우리에게 금욕을 가르치고, 이 세상에 대해 죽도록 만들지 못했다. 시간이 지나면 무가치한 것으로 녹을 한 움큼의 눈과 얼음에 우리 사랑과 기쁨, 갈망, 그리고 확신을 투자하고 모든 것이 끝나면 술 취하는 여관에서 목마른 채 나갈 때 우리는 스스로 불행을 자초하며, 이에 대해 큰 대가를 치른다." 그러고 나서 계속해서 그리스도에 대해 이렇게 논했다.

나는 온전한 샘을 하나밖에 모른다. 천국 이외에 살 만한 가치가 있는 것은 하나도 없다. 내 자신의 생각을 그리스도와 천국에 비유한다면 나의 축복으로 천국을 내려오게 하고, 그리스도를 살 것이다. 아, 내가 그리스도를 위하여 시세를 올리고, 1페니를 1파운드의 가치로 시세를 올릴 수 있다면 사람들이 그분을 생각하는 것보다 그리스도의 가치를 10,000달란트 더 부를 것이다! 그러나 이들은 그리스도를 야유하여 깎아내리고, 무가치한 반 페니로 그분의 가치를 매기거나 이 헛된 세상의 비천하고, 낡은 타락한 집과 그리스도를 교환하고 있다. 또는 이렇게 하지 않는다면 그들은 이자를 붙여서 그분을 빌려 주고, 그리스도로 고리대금업을 한다. 이들은 그리스도가 자신의 보물이며 자본금이라고 사람들 앞에서 고백하고, 발표하지만 그 사이에 사람의 칭찬과 명성, 경제적 여유, 그리고 복음의 여름 재고로 그분을 팔아먹는다. 하나님께서 함께 셈을 할 때까지 그리스도를 알리지 않고, 그분을 깨끗하고 온전하게 간직할 수 있는 사람이 행복한 것이다.

그 편지는 크리스천의 삶에서 고난의 위치에 관한 그의 의견을 덧붙이며 끝을 맺는다.

365편의 서신은 이 목사의 마음속에 있는 예수님에 대한 깊은 개인적, 그리고 애정 깊은 사랑을 반영하며, 이 서신을 읽는 사람은 깊이 감동을 받을 수밖에 없다. 잘 알려진 찬송가인 "이 세상 지나가고"(찬송가 540장)는 러더퍼드의 《서신집》과 앤 로스 커즌(Anne Ross Cousin)의 *Dying Sayings*의 문구의 훌륭한 모자이크다. 이 찬송가의 열아홉 절 전체를 읽어 보는 것은 러더퍼드의 영성에 대한 감을 얻는 데 좋은 방법이다.

73

《번쩍이는 돌》
The Sparkling Stone
뤼스부르에크(1293-1381) 지음

네덜란드 저지대(Low Countries)의 플랑드르에서 태어난 뤼스부르에크는 24세에 성직자로 임명된 다음, 25년 동안 브뤼셀에 있는 생 귀될 대학 교회에 귀속되었다. 1343년에 그는 두 명의 동료와 함께 스와뉴 숲에 있는 그로에넨달 은자의 집으로 은퇴했다. 6년 뒤 이 단체는 어거스틴 참사 수도회(Augustinian Canons Regular)의 공동체가 되었다. 이 조용한 환경에서 뤼스부르에크는 집필을 많이 할 수 있었으며, 그중 《번쩍이는 돌》은 신비주의 문학에서 초보자가 가장 이해하기 쉬운 책 중에 하나다.

뤼스부르에크의 영성의 신학적 기초는 삼위일체의 교리다. 호흡을 할 때 흡입과 발산이 있듯이 영적 생활에는 영적 갈망과 만기가 있다. 즉 하나님께서는 명상자를 흡입하신 다음 성령(하나님의 내쉬는 숨)에 의해 그를 세상으로 다시 내보내서 하나님의 영광을 위하여 선행을 실천하도록 하신다.

뤼스부르에크는 이렇게 설명했다.

하나님께서 이 절정(명상 속 신비적 연합)에서 세상으로 보낸 사람은 진리가 충만하고, 미덕이 풍부하다. 그는 자신의 영광이 아닌 그를 보내신 이의 영광을 추구한다. 따라서 그는 모든 일에 의로우며 진실하다. 그리고 하나님의 재산에

근거를 두고 있는 풍요롭고 푸짐한 기초를 가지고 있다. 그러므로 그는 그를 필요로 하는 사람에게 항상 자신을 투자해야 한다. 그의 재산인 성령이라는 살아있는 원천은 결코 고갈될 수 없기 때문이다. ……그는 하나님께서 명하시는 것을 모두 할 준비가 되어 있으며, 하나님께서 그에게 주시는 모든 일을 견디고 인내하는 데 강하고 용감하다. 따라서 그는 보편적(평범한) 생활을 한다. 그는 명상이나 행동에 동등하게 준비가 되어 있으며, 두 가지를 완벽하게 해내기 때문이다.

그러므로 크리스천 생활의 묵상적 측면과 능동적 측면은 합하여 전체를 이룬다. 단 명상자가 하나님에 의해 세상으로 보내지기 전에 그분을 먼저 찾아가야 한다는 우선순위를 토대로 한다.

《번쩍이는 돌》은 요한계시록 2장 7절에서 유래한다. 이 말씀에서 그리스도는 버가모의 신실한 크리스천에게 새 이름을 기록한 돌을 주기로 약속하셨다. "이 돌은 눈부신 흰색이며 불꽃처럼 붉다. 그리고 작고 동그라며, 표면 전체가 매끄럽고 아주 밝다. 이 번쩍이는 돌이라 함은 우리 주 예수 그리스도를 의미한다. 그분은 신성에 의하면 영원한 빛의 비췸, 하나님의 영광의 발광, 그리고 만물이 생명을 갖는 것의 흠 없는 거울이시기 때문이다." 세상과 육신, 그리고 사탄을 이기는 사람에게 이 돌이 주어지며, 이것과 함께 빛과 진리와 생명이 온다. 그 돌에 기록된 새 이름은 명상의 절정에 있는 영혼에 하나님께서 주신 '비밀 이름'이다.

74

《거룩함》
Holiness

존 찰스 라일(1816-1900) 지음

라일은 영국 국교회의 복음주의자들의 리더였으며, 1880년에 리버풀의 첫 주교가 되었다. 그는 성경적 기독교와 교회사의 측면에 대하여 일반인들을 위해 간단하고 재미있게 집필하기 위하여 그의 지적 능력을 사용했다. 사실 그는 젊은 목사로서 간단하고 명확한 문체를 개발하기 위하여 노력했다. 그는 영국 국교회와 그 전례, 그리고 39개 신조를 철저하게 따랐다.

이 책의 원래 제목은 *Holiness: its nature, hindrances, difficulties and roots*다. 이 책은 1877년에 처음 나온 이래 정기적으로 재판되어 왔다. 책을 이루고 있는 20편의 논문을 소개할 때 그는 이렇게 썼다.

나는 이 나라에 있는 현대 크리스천들이 하나님에 대한 실질적인 성결과 전체적인 자기 성화를 충분히 수행하지 않았다는 깊은 확신을 갖고 있었다. 정치나 논란, 당파심 또는 세속성이 우리 대다수의 경건의 중심을 갉아먹어 왔다. 개인적 경건함이라는 주제는 안타깝게도 배경으로 사라졌다. 생활수준은 수많은 지역에서 애처로울 정도로 떨어졌다. '우리 구주 하나님의 교훈을 빛나게' 하는 어마어마한 중요성과 우리 일상적인 습관과 인격으로 그것을 멋지고, 아름답게 만드는 것을 너무나 소홀히 해 왔다.

그런 다음 그는 신념이 있는 복음주의 목사로서 다음과 같이 말했다.

정통 개신교 복음주의 교리는 거룩한 삶을 동반하지 않으면 쓸모없다. 이는 쓸모없다는 것보다 더 못하다. 그것은 피해를 입힌다. 이는 세상의 눈빛이 날카롭고 기민한 사람들에게 비현실적이고, 무의미한 것으로 경멸을 받으며, 종교에 수치를 준다. 우리가 성경적 거룩함에 대한 철저한 부흥을 원한다는 것이 나의 확고한 생각이다.

어떤 이들은 20세기 말에도 이와 똑같이 말하고 싶을 것이다!

이 책의 주제는 따뜻하고 복음주의적이며, 성경적이고 매력적이다. 그는 거룩함이 다음과 같은 모든 요소를 포함하고 있다고 설명했다.
그 중에는 하나님과 한마음이 되는 습관, 그분이 사랑하는 것을 사랑하는 것, 알려진 모든 죄를 멀리하고, 모든 계명을 지키는 것, 우리 주 예수 그리스도를 닮고자 노력하는 것, 온유함, 오래 참음, 친절, 인내, 절제, 자기 부인뿐만 아니라 자선과 형제애를 좇는 것, 연민의 마음과 타인을 향한 자비심 소유, 마음의 순결과 영적 사고방식에 대한 갈망뿐만 아니라 참된 경외, 하나님에 대한 두려움, 삶의 모든 의무와 관계에 성실함 등이 있다.

75

《경건한 요청》
Pia Desideria
필립 제이콥 스펜서(1635-1705) 지음

1675년 프랑크푸르트에서 교회의 '하나님을 기쁘게 하는 개혁을 위한 진심으로부터 우러나온 갈망'인 《경건한 요청》이 출판된 것은 경건주의라 불리는 회복 운동의 출현의 중요한 요인이었다. 스펜서는 인생 초기에 요한 아른트의 *True Christianity*(p. 28의 《참된 기독교》 참조)뿐만 아니라 영국 청교도들의 글에 영향을 받았다. 그는 루터교 목사가 되어 1666년부터 프랑크푸르트에 있었다. 그는 여기서 말씀과 성례 사역과 별개로 그의 집 안에서의 교제 모임(경건 모임, *Collegia Pietatis*)을 소개했다. 또한 지역 출판사가 제시한 기회를 잡아 아른트 설교집에 서문을 썼다. 이 서문은 너무나 폭발적인 반응을 일으켜서 더 긴 버전의 《경건한 요청》이 별도로 출간되었다.

이 책은 세 부분으로 구성되어 있다. 첫 번째는 그 당시 교회의 단점을 살펴본다. 그 단점은 죄가 심각하게 받아들여지지 않고, 종교적 의무는 피상적인 방식으로 수행되었다는 점이다. 두 번째 부분에서는 개혁의 가능성을 제안하며, 절망할 필요가 없다고 했다. 성경에 나오는 하나님의 언약과 초대 교회의 본보기는 큰 격려가 되었다! 마지막 부분에서 개혁과 회복을 가능하게 만들기 위한 6가지 제안이 제시되었다. ① 더 많은 성구의 사용, ② 교회 생활에 평신도의 더 많은 참여, ③ 신앙의 실제적 측면뿐만 아니라 지성적 측면, 그 중에서도 특히 사랑을 실천하는 정신의 격려, ④ 종교적 논란에 자선의 실천, ⑤ 경건과 학습을 결합하는 식의 성직자 교육, ⑥ 교화하고, 회복할 뿐만 아니라 지식을 제공하는 설교.

그의 전반적인 문체와 접근을 실례로 보여 주기 위하여 다섯 번째 제안 아래 그가 쓴 글의 일부를 게재한다.

교회 개혁에 관련된 이 모든 일에 목사가 가장 큰 짐을 지어야 하고, 이들의 결점이 이와 똑같은 수준으로 더 큰 해를 끼치므로, 목회직이 무엇보다도 스스로 참된 크리스천이고, 다른 사람들을 주님의 길로 신중하게 인도할 거룩한 지혜를 지닌 사람들에 의해 수행되어야 한다. 따라서 교회 개혁을 위하여 적합한 사람만 부르심을 받고, 그 목회 사역 과정 전반에 걸쳐 하나님의 영광만 바라보는 것이 중요하고, 정말로 필수적이다. 이는 호의, 우정, 뇌물 등과 같은 부적당한 일을 멀리해야 한다는 것을 의미한다. 교회 내 타락에 대한 가장 큰 이유 중의 하나는 목회자의 사역 속에서 일어나는 모든 잘못이다. 하지만 여기서 그것을 상세히 논하지는 않겠다.

그는 후반부에 설교에 관하여 다음과 같은 중요한 말을 덧붙였다.
"우리 기독교 종교 전체는 속사람 또는 새사람의 정신이 믿음이며, 그의 표현이 생명의 열매인 것으로 이루어지고, 모든 설교는 이를 목표로 해야 한다."

76

《자서전》
Autobiography
찰스 해던 스펄전(1834-1892) 지음

스펄전은 수많은 재능을 가진 사람이었지만 런던에서 매주일 수천 명이 그의 설교를 들었고, 또한 수천 명의 사람들이 그의 설교문을 읽었던 위대한 설교가로 주로 기억된다.

그는 신학대학교를 설립하고, 고아원을 세웠으며, 설교와 사역에 관한 책을 집필하고, 묵상서(《아침 묵상 및 저녁 묵상》 등)와 《다윗의 보고》(The Treasury of David, 6권으로 구성된 실로 위대한 책)라는 제목이 붙은 기념비적인 시편집 주석서를 출판했다. 그의 영성은, 그가 즐겨 읽던 영국 청교도의 가르침은 물론 이들의 노력이 그에게 영감을 주었던 복음주의 대각성의 칼빈교 지도자의 가르침에 뿌리를 두고 있다. 그는 복음 전도자이자 목사, 영혼의 의사, 경건하고 박식한 설교가, 그리고 신실하고 헌신된 남편이자 아버지가 되고 싶어했다.

모든 은혜와 자비의 하나님의 주권과 예수 그리스도의 위대하심에 대한 칼빈주의적 관점에 깊이 뿌리박힌 그의 복음주의적 신앙은 그의 모든 글에서 명백하게 나타난다. 그러나 그의 광범위한 자서전에는 그 신앙이 상당한 고난과 아픔을 포함한 인생의 험난한 파도에 근간을 두고 있다는 것을 찾아볼 수 있다. 그의 아들은 다음과 같은 글을 썼다.

"나의 사랑하는 아버지만큼 상처투성이인 마음과 슬픈 영혼을 친절하게 위로해 줄 수 있는 사람을 본 적이 없다. 꽃이 짓밟히면 그 향기를 내듯이 나의 사랑하는 어머니의 오래 지속된 고통과 자신에게 있는 끊임없는 아픔을 인내하신 아버지는 모든 고통을 당하는 사람들과 가장 상냥하게 슬픔을 함께하실 수 있으셨다."

그러므로 이 위대한 설교가에게는 긍휼의 위대한 은사도 있었다.

1887년과 1888년의 겨울 중 수개월 동안 신체적 질병과 마음의 아픔을 겪은 뒤 그는 혹독한 시련이 그에게 무슨 변화를 가져왔는지 들려주었다.

격려가 되는 성경에 고난과 경험의 열매인 나 자신의 간증을 추가했다. 나는 하나님의 모든 약속을 믿지만 그 많은 것들을 개인적으로 시험하고 입증해 왔다. ……나는 하나님의 들어 올리시는 손이 없었다면 익사했을 '헤엄칠 만한 물'에 던져진 적도 있다. ……동정을 받으려고 이를 언급하는 것이 아니라 내가 건조한 육지로만 편하게 여행했던 선원이 아니었다는 것을 보여 주기 위함이다. 나는 잔잔하지 않았던 이 대양을 수없이 횡단해 왔다. 파도와 바람의 급습도 안다. 이때 여호와의 약속이 나에게 얼마나 소중했는지 모른다. 그 약속 중에는 지금까지 이해하지 못했던 것도 있다. 그 약속에 대한 이해가 언제 성숙했는지 나도 그 날짜를 모른다. 왜냐하면 나조차도 그 의미를 이해할 정도로 성숙하지 않았기 때문이다. 나에게 지금 성경이 불과 몇 달 전보다 얼마나 더 놀랍게 보이는지 모른다. 주님께 순종하고, 신앙 밖에서 그분의 책망을 받는 과정에서 나는 새로운 약속을 받지 않았다. 하지만 그 결과는 내가 새 약속을 받았더라면 받았을 것과 동일하다. 과거의 약속이 더 풍성한 양으로 나에게 펼쳐졌기 때문이다.

이런 식으로 배운 목사에게는 진정으로 공유할 메시지가 있다!

77

《주님의 발 아래》
At the Feet of the Master
사두 선다 싱(1889-1929) 지음

1889년 인도 북부 펀자브 주 람푸르의 부유한 가정에서 태어난 선다 싱은 장로교 미션 스쿨에서 교육을 받았다. 나중에 기독교에 대한 반감을 보여 주기 위해 아버지의 집 안마당에서 기독교 성경 사본을 공개적으로 태웠다. 3일 뒤 그는 예수 그리스도의 환상을 보았고, 가족의 놀라움과 혐오 속에 즉시 크리스천이 되었다. 선다 싱은 그 사건을 이렇게 묘사했다.

"내가 기도하면서 빛을 들여다보자 주 예수 그리스도의 형상이 보였다. 그 모습은 너무나 영광과 사랑이 가득한 모습이었다! 힌두스타니(인도의 주요 공용어―옮긴이)로 이런 음성이 들렸다. '언제까지 나를 핍박할 것이냐? 너를 구원하러 왔다.' 그래서 나는 그분의 발 아래 무릎 꿇고 놀라운 평안을 체험했다. ……그것은 천국 그 자체였다."

이 환상을 보고 난 뒤 그는 혼자서 기도를 하며 수일을 보냈다. 이 기간에 그는 하나님의 용서를 깊이 체험하고, 나가서 복음을 전하라는 구세주의 명령을 받았다.

그 결과 그는 시크교를 배반했다는 이유로 집에서 쫓겨났다. 그는 간소한 사프란색 의복을 걸치고 그리스도를 전하기 위하여 여기저기 순례하는 소유물이 없는 성인, 곧 사두(Sadhu, 인도 고행자)가 되었다. 그의 인생 이야기는 복음주의적 열정, 복음적 가난, 그리고 오랜 시간 동안 묵상, 명상, 그리고 기도를 하면서 그에게 주어진 비전의 매혹적인 조합이다.

이 작은 책은 주 예수님과 사두 사이에 이루어진 대화를 기록하고 있다. 이 대화는 고통과 고난, 그리고 죄의 신비를 탐구한다. 한 친구가 이렇게 주석을 달았다.

그가 고독을 사랑한 것과 가장 유사한 것으로 초자연적 세계에 대한 그의 놀라운 열정을 꼽겠다. 그는 거기서만 평안을 찾을 수 있었다. 이것이 그의 수많은 행동의 이유를 설명해 준다. 이 열정은 그로 하여금 어떤 외딴 장소나 산 속에서 기도로 밤을 새도록 이끌곤 했다. 그가 돌아오면 우리 모두가 알아볼 수 있는 평온함이 그에게서 배어나왔다. 그는 자신이 체험한 것에 대해 말을 거의 하지 않았지만 그의 얼굴 그 자체가 그가 밝히지 않은 것을 보여 주었다.

그는 기도 중에 무아경의 은사를 받았으며, 그의 단순한 생활방식 속에서 돈으로 살 수 있는 그 무엇보다도 이 은사를 소중하게 여겼다. 그는 이렇게 말했다. "혼의 눈이 우리에게 현실화하는 그리스도의 임재하심은 그저 망상이 아니다. 이는 오늘날 영의 내면세계에서 가장 위대한 현실이다. 이것이 인간의 삶에 없다면 그 삶은 충만할 수 없다."

1927년에 우르두 말(Urdu, 힌두스타니 말의 한 어족으로, 주로 인도 이슬람교도 간에 쓰임—옮긴이)에서 번역된 이 책의 가치는, 진정한 동방 기독교 영성을 제시한다는 것과 신비적 기도와 복음을 전하는 능동적 삶이 동시에 이루어져야 한다는 것을 보여 준다는 데 있다. 어쩌면 이 책에는 몇몇 크리스천이 힌두교나 불교 영성을 통하여 하나님을 찾으려 하는 이 시대에 시기적절한 메시지가 담겨 있을지도 모른다. 파커 부인(Mrs. Parker)과 앤드루스(C.F. Andrews)가 집필한 훌륭한 선다 싱의 자서전도 있다.

78

《영원한 지혜의 소책자》
The Little Book of Eternal Wisdom
하인리히 수소(c.1295-1366) 지음

수도사로서 수소는 다뉴브 강 울름에 있는 도미니코 수도원에서 대부분의 사역(1347-1366)을 했다. 그가 집필한 글을 모아서 새로운 글을 집필할 수 있는 여유를 이곳에서 찾았다. 이전에 수소는 쾰른에 있는 마이스터 에크하르트(Meister Eckhart) 아래에서 공부하며, 그의 신비주의 신학을 깊이 사모하게 되었다. 그는 또한 스위스와 라인 강 상류 지역에서 설교를 하기도 했다. 그는 거기서 도미니코 수도회 내에서 높이 평가받는 영성 지도 신부이기도 했다.

그의 주요 작품인 《영원한 지혜의 소책자》는 본래 1328년에 집필되었으며, 이론적인 내용이 아주 적은 실제적인 묵상서다. 이 책은 예수의 수난에 관한 100편의 짧막한 묵상으로 결론을 맺는다. 본문은 종(수소)과 영원하신 지혜(그리스도) 사이에 오고가는 일련의 대화 형식으로 되어 있어 읽기가 쉽다. 여기 담긴 실제 교훈과 별개로 수소 자신의 영적 체험(그가 집필한 《생애와 진리의 소책자》를 읽음으로 보충할 수 있음)에 제시된 수많은 통찰이 있다.

영원하신 지혜는 하나님을 기쁘시게 하고, 그분과 교제하는 달콤한 기쁨을 누릴 수 있는 방법은 한 가지 방법으로만 가능하다고 종에게 분명히 말씀하신다. "그 누구도 먼저 나의 인간적 괴로움의 본을 통하여 이끌리지 않는 한 거룩함의 극치나 색다른 달콤함을 달성할 수 없다. 나의 인성을 거치지 않고 더 높이 올라갈수록 더 깊은 수렁으로 빠지게 된다. 나의 인성은 거쳐야만 하는 길이다. 고난은 통과해야 하는 관문이다." 종의 머뭇거림과 추가 질문에 대한 답변으로 영원한 지혜는 그분을 본받아야 하는 필요성에 대해 한 번 더 말씀하신다. "나의 고난을 닮으려 하는 것을 두려워하지 말라. 하나님께서 사람 속에 충만하여 고난이 그에게 쉬워진다면 불평할 이유가 없기 때문이다. 나와 가장 힘겨운 괴로움을 나누는 사람들보다 색다른 달콤함 속에서 나의 임재를 즐기는 사람은 없다. 알맹이의 달콤함을 모르는 사람이 쥐엄열매의 쓴 맛에 대해 더 불평을 한다."

수소는 하나님 앞에서 전적으로 자기를 포기하는 것이 하나님과 참된 연합을 하는 유일한 길이라고 강조한다. 예수님을 본받는 것은 "경솔한 보기와 헛된 듣기의 즐거움을 버리고, 사랑의 맛을 음미하고, 당신에게 혐오감을 주는 것을 즐겨라. 내 안에서 당신의 안식을 찾고, 신체적 불편을 좋아하며, 기꺼이 고난을 겪고, 모욕을 갈망하며, 당신의 욕망을 버리고, 당신의 모든 정욕에 대해 죽어야 한다. 이것이 당신이 읽어야 하는 십자가에 못 박힌 몸이라는, 열리고 상처 입은 책인 지혜를 배우는 학교의 시작이다. 그리고 이 점을 깊이 생각해 보라. 사람이 할 수 있는 한 최선을 다했다 하더라도 내가 그를 위해 한 일을 나를 위해 할 수 있는가?" 하는 것을 의미한다.

79

《담화집》
The Discourses
신 신학자 성 시므온(949-1022) 지음

시므온이 34가지 담화를 집필했을 때는 성 마마스 수도원의 대수도원장이었다. '신 신학자'라는 칭호는 동방에서 '신학자'로 알려진 나지안주스의 그레고리와 비교해서 붙여진 것이다. 생생하고 고도로 개인적인 문체를 가진 그레고리는 비잔틴 신비주의 저자 중에 가장 위대한 사람으로 인식되고 있다.

이 담화는 아침 기도 중인 수사들에게 그가 했던 연설에서 유래한다. 그의 인격은 형제들과 마음속에 있는 것을 나눌 때 책 전반에 분명히 나타난다. 그가 흔히 다루는 주제는 동방 기독교 영성의 전통에서 찾아볼 수 있는 회개, 세속에 대한 초연함, 금욕, 자비의 행위, 하나님의 계명 지키기, 죄에 대해 슬퍼함, 죽음의 인식, 마음의 순결, 믿음, 그리고 명상이다. 그런데도 그는 더 깊은 영성과 내주하시는 삼위일체인 하나님과의 신비적 연합으로 인도하는 성령의 임재하심과 능력, 영감, 그리고 인도하심을 강조하기도 한다. 이 부분에서 은사 운동에 속한 현대 크리스천들에게 경종을 울릴 것이다. 그는 성령 세례가 하나님께서 주신 물 세례와 연관된 것보다 더 깊은 영혼의 체험이라고 한다.

시므온은 빛이신 그리스도 안에 계신 하나님께서 인간 영혼에 들어가는 빛이라는 주제에 무척 매료되었다.

빛은 쇠퇴, 변화, 변질, 그리고 형체 없이 우리에게 비친다. 그것은 말하고, 일하며, 살고, 생명을 주며, 광채를 더하는 것을 빛으로 변화시킨다. 우리는 하나님이 빛이라는 것과 그분을 볼 기회가 허락된 사람들 모두가 그분을 빛으로 보았음을 증거한다. 그분을 받은 사람들은 그분을 빛으로 받아들였다. 그분의 영광의 빛은 그분보다 선행하며, 그분은 빛 없이 나타나시기가 불가능하기 때문이다. 그분의 빛을 보지 않은 사람들은 그분을 보지 못했다. 그분은 빛이시며, 빛을 받지 않은 사람은 은혜를 아직 받지 못했다.

이 빛은 단지 혼과 마음의 조명이 아니며, 내면적, 영적 빛은 하나님을 순결한 마음을 통하여 찾는 사람에게만 주어지는 것이다.

시므온이 다룬 또 하나의 주제는 '눈물'이라는 선물이다. 한 사람이 죄에 대하여 진정으로 슬퍼하고, 성령으로 정화되며, 성령 안에서 세례 받으면 성령은 이 은사, 즉 풍부한 눈물을 주실 것이다! 시므온은 이렇게 말했다. "음식과 음료가 육신에 필요하듯이 영혼에는 눈물이 필요하다. 그러하므로 날마다 울지 않는 사람은 그의 영혼을 파멸로 몰고 가며, 굶주림으로 멸망시킬 것이다." 사실 그는 "눈물을 앗아가면, 그것과 함께 정화도 없애는 것이다."라고 주장했다.

이 담화는 읽기 쉬울 뿐만 아니라 흥미진진하기도 하다. 이 담화는 동방 기독교 신비주의를 훌륭하게 소개한다. 시를 좋아한다면 말로니(G.A. Maloney S.J.)가 번역한 시므온의 《하나님의 사랑의 찬송가》(*Hymns of Divine Love*)도 읽어 볼 것을 권장한다.

80

《설교집》
Sermons

요한네스 타울러(c.1300-1361) 지음

처음에는 독일어, 그 다음에는 라틴어, 그리고 마지막으로 여러 유럽어로 번역된 이 도미니코 수도회의 설교자이자 영성 지도 신부의 설교집은 인쇄기가 작동하기 시작하자마자 출판되었다. 마틴 루터는 1505년에 타울러 설교집의 독일어 판을 한 부 구해서 이렇게 논평했다.

"그 안에서 모든 대학의 박사들보다 더 참된 신학을 발견했다."

가톨릭 교도들 사이에서 타울러의 명성을 굳힌 번역판인 1548년 라틴어 번역본의 서문은 개신교도 루터가 이 책을 추천한 것에 대해 사과까지 했다!

스트라스부르에서 태어난 타울러는 독일 도미니코 수도회 수녀들은 물론 평신도들에게도 설교 사역을 시작하기 전에 도미니코 수사로서 통상적인 훈련을 받았다. 설교자와 설교문의 저자로서 그의 매력은, 모든 사람에게 하나님과 이웃을 사랑하고, 악덕을 뿌리 뽑고, 미덕을 추구하며, 영혼의 내면적 생활에 주의를 기울이고, 자기 부인과 무절제한 욕망을 거부하며, 그리스도의 생애를 묵상함으로 그분을 본받고, 십자가를 들고 예수님을 위하여 고난을 받으며, 영혼과 진리 안에서 하나님과 연합해서 그분과 이웃을 습관적으로 사랑하려고 하는 목표를 세우라는 그의 지칠 줄 모르는 마음에서 우러난 격려에 있는 듯하다.

타울러는 하나님께 '승천하는' 유일한 길이 예수님과 연합하고, 그분을 모방하는 '강하'라고 강조하지만, 또한 이 모방이 이 지구상에서 가능한 가장 고차원적인 하나님과의 명상적 연합이라는 결과를 가져온다고 논하기도 한다.

이제 또 하나의 사랑에 대해 논하겠다. 그리고 이는 마치 천국이 지상보다 훨씬 위에 있듯이 첫 번째 사랑보다 훨씬 높은 수준에 있다. 이 사랑은 승천 뒤 사도들이 체험한 것이다. ……여기서 자아는 뒤에 남겨지고, 충만함 대신에 공허함이 있다. 이제 지식이 아닌 무지식이 우세하다. 그 사랑은 모든 형식과 방식을 초월하기 때문이다. 아, 이것이 우리 불쌍한 인성에 얼마나 큰 아픔을 일으키는가! 이는 이제 어머니의 젖을 굶은 아기처럼 뒤틀리는 아픔이다. 구석구석에 있는 성난 본성은 완전히 상실된다. 이 새로운 사랑이 그 위력과 효과를 초월하기 때문이다. 따라서 이 사랑은 자아를 완전히 벗어야 하기에 이 사랑 자체는 그 눈짓을 피한다. 이는 생각이나 욕망도 품을 수 없다. 그 사랑은 이 부족함을 하나님께 희생조차 하지 못한다. 이 부족함의 무식 안에서 그 사랑에 굳게 결합하기 때문이다. 이는 그 자체를 부인하고, 하나님께서 자신을 사랑하시고, 스스로 사랑의 대상이 되는 영역에 들어서기 위하여 첫 단계에서 소유했던 모든 느낄 수 있는 이미지에 대해 죽어야 한다. 이 자신을 발가벗기고 우리는 그분의 신성함이라는 옷을 입으면서 하나님의 형상대로 변화된다.

이것이 인간 영혼이 '신성한 본질의 신비로운 침묵 속에서' 하나님의 영 속에 안식하는 기도의 단계다.

81

《허드슨 테일러의 생애》
Hudson Taylor
하워드 테일러 부부(1864-1928) 지음

중국 내지 선교회(해외 선교회)의 설립자이자 선구적인 선교사에 관한 이 이야기는 겸손한 신뢰, 원대한 비전, 변함없는 순종, 그리고 큰 용기로 특징지어지는 생활 영성에 관한 이야기이기도 하다. 이 책은 두 권으로 이루어졌는데, 첫 번째의 부제목은 "영혼의 성장"(*The Growth of a Soul*)이고, 두 번째는 "하나님의 역사의 성장"(*The Growth of a Work of God*)이다.

이 책들은 1911년과 1918년에 별개로 출간되었지만, 1965년 이후로 한 권으로 묶여졌다.

허드슨 테일러(1832-1905)에 관한 다른 전기도 있기는 하지만 이 책이야말로 고전으로 불릴 만한 가치가 있다. 이 책은 제임스 허드슨 테일러 자신에게 동기를 부여했던 것과 똑같은 정신, 즉 불평이나 소란 없이 하나님의 말씀에 순종하는 단순하면서도 사람의 마음을 끄는 복음주의적 신앙으로 집필되었기 때문이다.

그는 감리교 집안에서 성장한 요크서 청년이었다. 17세 때 그는 깊은 회심을 체험했고, 이어서 중국으로 가라는 소명을 받았다. 허드슨 테일러는 1854년 그곳에 처음으로 갔다가 병약해져서 영국으로 되돌아왔고, 중국이 서양인들에게 개방되었을 때 돌아가고 싶어했다. 그러나 어떤 선교회도 그를 받아주지 않았다. 그래서 테일러는 스스로 중국 내지 선교회를 설립하고, 1866년에 중국으로 출항했다. 그 이후로 이어지는 그의 이야기는 고난과 아픔이 동반되는 큰 믿음과 용기의 이야기다. 1895년에는 641명의 선교사들을 이끌었다. 이는 중국 전체 선교사의 거의 절반이었다! 그는 중국인처럼 살고, 그들처럼 먹고 옷을 입는 원칙을 강조했으며, 선교 사역은 어떤 동떨어진 런던 사무실이 아닌 선교 현장에서 이끌릴 것을 주장했다. 더 나아가 믿음으로 사는 원리도 강조했다. 즉 우리의 필요를 하나님께 아뢰고, 하나님께서 그것들을 공급해 주시도록 믿음으로 사는 것이다. 그의 삶과 일의 이런 측면은 그리스도 예수 안에서 우리의 모든 필요를 공급하신다는 하나님의 약속을 전적으로 참된 것으로 믿는 영성에 확고하게 뿌리 박혔다. 여기에 신비주의적인 측면이 가미된다. 그가 집필한 《연합과 친교: 그리스도와의 개인적인 교제에 대한 묵상》(*Union and Communion: Thoughts on the Song of Solomon*)도 읽어 보라.

다음은 그의 선교 영성을 나타내는 허드슨 테일러의 글이다.

> 예수께서 생명력이 없는 이들과 그분의 육신과 똑같은 생명을 주는 빵으로만 이들에게 생명을 줄 수 있는 살아 있는 영혼들을 먹이시기 위하여 자신의 육신을 바치셨듯이 세상의 생명을 위하여 우리 자신을 바칠 필요가 있다. 게으르고 자기를 부인하지 않는 인생은 능력 있는 삶이 결코 되지 못할 것이다.
>
> 열매 맺기는 십자가를 지는 것을 수반한다. ……우리는 주 예수께서 어떻게 열매를 맺으셨는지 안다. 그분은 그저 십자가를 지신 것이 아니라 그 위에 죽으심으로 열매를 맺으셨다. 이 점에 대해 그분과 많은 친교를 하는가? 한 분은 게으른 크리스천들을 위한 게으른 분이고, 또 한 분은 특별한 신자들을 위한 고난을 받고, 고생하시는 분인 두 명의 그리스도가 있는 것이 아니다. 그리스도는 한

분밖에 없다. 그분 안에 거함으로 많은 열매를 맺을 의향이 있는가?

　그 하나님께서 우리가 안식할 수 없도록 지옥을 그렇게 실감나게 만드시겠는가? 천국을 너무나 현실적으로 만들어서 거기에 반드시 사람이 있어야 하도록 만드시겠는가? 그리스도를 너무나 실감나게 만드셔서 우리 가장 중요한 동기와 목표가 많은 사람을 그분께로 개종시킴으로 슬픔의 사람을 기쁨의 사람으로 만드시는 것이겠는가?

　그는 사람들이 예수 그리스도께로 돌아오는 것을 보기 원했으며, 이를 달성하기 위하여 자신의 전부를 바칠 준비가 되어 있었다.

82

《완전의 길》
Way of Perfection
아빌라의 테레사(1515-1582) 지음

로마 가톨릭 교회의 모든 성인 가운데 테레사(Teresa de Cepeda y Ahumada)만큼 큰 존경을 받으며 사랑을 받는 사람은 없다. 그녀는 아빌라에서 태어났으며, 1535년에 성육신의 갈멜 산 수녀원(Carmelite Convent of the Incarnation)에 들어갔다.

그녀는 50세가 되어서 《완전의 길》을 집필했으며, 그녀가 설립한 20개의 수녀원 중 한 곳의 여자 소수도원장을 지냈다. 비록 이 책은 수녀들을 위해서 집필되었지만, 아마 테레사의 작품을 읽기 시작하는 현대 크리스천의 손에 넣을 수 있는 그녀의 글 가운데 가장 소중하고 유익한 책일 것이다. 이 책을 읽은 다음 그녀의 《생애》(*Life*)와 《내면의 성》(*Interior Castle*)을 읽을 것을 권장한다.

《완전의 길》은 마음과 영혼과 정신과 힘을 다하여 하나님의 사랑 안에서 자신을 사랑하듯이 이웃을 사랑하며, 개인적인 만족을 초월하여 진정한 겸손으로 하나님을 사랑하는 길이다. 물론 기도는 이 길의 중심이며, 이 책의 대부분의 내용이 기도—정신적 기도(묵상), 구송 기도(특히 '우리 아버지……'를 사용하는), 묵상 기도(Prayer of Recollection)(습득된 진심의 기도 또는 단순함의 기도—또한 단순한 응시의 기도 또는 신앙에 대한 단순한 비전이라고도 알려짐), 그리고 정적의 기도(하나님의 임재하심에 대한 친밀한 인식이 마음을 사로잡고, 영혼과 마음을 이루 말할 수 없는 기쁨으로 충만하게 하는 신비적 기도)―에 관한 것이다.

그녀가 설명했듯이 하나는 다음으로 이어진다. "내가 사도신경을 외우면 내가 믿는 것이 무엇인지를 이해하고 알아야 하는 것이 나에게 옳아 보이고, 실제로 의무적으로 보인다. '우리 아버지'를 반복하면 나의 사랑은 이 아버지를 이해하고 싶어지게 만들고, 이 기도를 우리에게 가르쳐 주신 주님이 누구신지 알고 싶어지게 만들어야 한다." 따라서 정신과 애정과 의지는 하나님께 이끌리며, 기도의 길은 하나님의 아름다움을 응시하는 길이 된다.

기도 속의 참된 겸손에 대하여 그녀는 이렇게 주석을 달았다.

다른 사람들이 하듯이 자신이 겸손하다고 믿으면서 하나님 앞에 수줍어하지 말라. 왕이 당신에게 호의를 베풀었는데 그것을 받아들이기를 거절한다면 당신은 겸손한 것이 아니다. 그러나 그 호의를 받아들이고 이에 만족하되 그것을 받을 만한 자격이 없다는 것을 깨달으면 겸손함을 보이는 것이다. 내가 하늘과 땅의 황제를 집에 모셨다고 하자. 그런데 그분께서 나에게 호의를 베풀고 나와 기쁨으로 교제를 나누기 위하여 오셨는데, 내가 너무나 겸손해서 그분의 질문에도 답변하지 않고, 그분과 함께하지 않거나 그분께서 나에게 주신 것을 받지 않고 그분을 혼자 계시게 내버려 두었다면 참으로 겸손한 것이겠다. 아니면 그분께서 나에게 말씀하시면서 내가 원하는 것을 알려 달라고 간청하셨는데 내가 너무나 겸손해서 차라리 가난하게 있는 것이 좋다며, 내가 그렇게 하기로 결심을 단단히 했다는 것을 보여 주기 위해 그분이 돌아가시도록 했다면.

그런 태도는 참된 겸손이 아니다. 오히려 "아버지나, 형제나, 주인이

나, 배우자와 하듯 그분과 대화를 나누라. 어떤 때는 한 가지 방식으로 대화하고, 다른 때는 또 다른 식으로 대화하라. 그분께서 당신이 그분을 기쁘시게 하기 위하여 무엇을 해야 하는지를 가르쳐 주실 것이다."

83

《생애》
Life
아빌라의 테레사(1515-1582) 지음

이 흥미진진한 책의 완전한 제목은 《성녀, 예수의 테레사의 생애와 그녀가 순종하고, 다음과 같이 이야기하는 고백자의 명령을 받고 그녀가 스스로 설명한 하나님에 의해 그녀에게 허락된 몇 가지 호의》다. 그녀는 이 책을 50세가 되었을 때 완성했지만 1568년에 그녀의 주교가 마침내 승인하기까지 발표하지 못했다.

성인(그녀는 1622년 교황에 의해 시성되었다)과 교회 박사(그녀는 1970년에 그렇게 선포되었으며, 이 칭호를 가진 여자는 역사상 두 명밖에 없다)가 되는 길은 고통과 고난을 통하여 죄에서 거룩함으로 향하는 길이다. 이는 적어도 자기 이익과 자존심이라는 측면에서 큰 희생을 치러야 하나 세상적인 기쁨으로 비견될 수 없는 기쁨을 가져다준다.

이 책의 9장에서 테레사는 주님께서 그녀를 깨우고, 그녀의 내면적 어둠에 어떻게 빛을 주셨는지를 설명한다. 그녀는 거의 20년 동안 수녀로 생활해 왔지만, 어쩌면 부족한 영적 지도로 인하여 그 당시에도 그녀가 갈망했던 내면적 평안을 찾지 못했다.

어느 날 소예배당에 들어서면서 나는 어떤 축제를 위하여 구해 둔 형상을 보았다. ······그 형상은 심하게 상처를 입은 그리스도를 나타냈다. 이는 그분께서 우리를 위하여 당하신 고난을 너무나 생생하게 묘사해서 묵상에 너무나 큰 도움이 되었다. 그래서 내가 그 모습을 보았을 때 너무나 깊은 감동을 받았다. 내가 그분이 받으신 상처에 대해 얼마나 부족하게 보답했는지를 생각했을 때 너무나 슬퍼서 가슴이 찢어지는 듯했다. 그래서 나는 비와 같은 눈물을 흘리며 그분의 감정을 다시는 상하지 않도록 힘을 달라고 간구하면서 그분 옆에 엎어졌다.

그 이후로 그녀는 신앙이 성장하기 시작했으며, 어거스틴의 《참회록》을 읽고 더 많은 도움을 받았다. 특히 그의 회심에 관한 이야기를 읽었을 때 그녀는 더 많은 눈물을 흘렸으면서도 더 많은 빛으로 인도되었다. 이후에 나오는 단원에서 테레사는 기도 중에 그녀가 주님과 체험한 몇몇 교제를 독자들과 나눈다. 예를 들어 그녀는 다음과 같이 그리스도를 머릿속으로 그렸을 때 무슨 일이 흔히 일어났는지를 들려준다.

나는 이따금씩 하나님의 임재하심을 갑자기 체험하곤 했다. 그런 체험은 너무나 강렬해서 그분이 내주하고 계시거나 내가 그분 안에 완전히 잠겨 있었다는 것을 의심조차 할 수가 없었다. 이는 어떤 면으로 보면 비전이었다. 나는 이것이 신비주의적 신학이라 불렸다고 믿는다. 영혼이 너무나 뜨거워져서 그 자체를 완전히 초월한 듯했다. 의지는 내 생각에서 거의 상실한 그 기억을 사랑한다. 반면에 이해력을 잃어버리지 않았다고 믿었지만 그것은 논리적으로 생각하지 못한다. 그러니까 이해력은 작용하지 못하지만 그것이 이해할 수 있는 이 모든 것에 깜짝 놀란다. 그분의 위엄이 그것에 보여 주시는 것을 아무것도 이해하지 못한다는 점을 그것이 깨닫기를 하나님께서는 바라셨기 때문이다.

이 책은 묵상의 전통적인 방법을 사용해서 그녀가 체험한 어두움으로부터 하나님과 신비적인 희열과 연합을 체험하기까지의 기도 생활에 관해 독특하게 서술한 책이다.

84

《내면의 성이라는 맨션》
The Mansions of the Interior Castle
아빌라의 테레사(1515-1582) 지음

테레사는 60세의 나이에 이 책을 집필했다. 이 책을 쓰게 된 가장 큰 이유는, 그녀의 생명이 스페인 종교 재판소의 손에 달려 있었으며, 사람들이 이 책을 읽는 것이 금지되었기 때문이다. 그녀는 자신의 생애를 토대로, 기도와 하나님과의 교제에 관한 자서전체의 가르침을 질서 정연하되 자연스럽고 유연한 형식으로 설명했다. 그 결과는 걸작이었다. 그녀의 가르침의 성숙한 진술인 이 책은 출간 이래 수많은 사람들에게 지대한 영향을 미쳐 왔다.

간결한 서문을 마친 뒤 테레사는 그녀의 주제를 논하기 시작하며, 성(城)의 이미지를 기도 생활(미덕의 생활이기도 함. 그녀에게는 두 가지가 동반되기 때문이다)에 적용한다. "나는 영혼을 마치 하나의 다이아몬드나 아주 맑은 수정으로 만들어진 성으로 생각하기 시작했다. 그 안에는 천국에 수많은 맨션이 있듯이 수많은 방이 있다." 그 이미지는 신비적 삶의 전체적인 과정을 설명하는 데 사용되었다. 즉 첫 번째 맨션에서 일곱 번째 맨션으로의 영혼의 진보와, 하나님의 은혜로 그것이 불완전하고 죄 많은 피조물에서 영적 결혼을 하는 그리스도의 신부로 변화되는 모습을 서술한다.

첫 번째 맨션들(복수형이 중요하다)은 겸손을 배우는 곳이다. 두 번째는 진지하게 기도하고, 진심으로 묵상하기 시작하는 곳이며, 세 번째는 하나님의 사랑이 도덕적, 종교적 생활의 원천이어야 한다는 것을 자각하는 곳이다. 네 번째는 일반 기도에서 하나님과의 교제가 더 현실화되는 명상 기도로 전환하는 곳이며, 다섯 번째는 영혼이 하나님의 임재하심과 사랑에 의해 압도당해서 활동하지 않는 곳이고, 여기서 그녀는 영혼을, 누에고치를 탈피하여 나오는 흰나비로 아름답게 묘사한다. 여섯 번째 맨션들은 영혼과 하나님 사이에 친밀한 영적 교제가 있는 영적 약혼을 상징하며, 이는 이 지구상에서 인간에게 가능한 한 하나님과의 가장 깊은 또는 가장 높은 연합인 영적 결혼이라 불리는 마지막 맨션들로 이어진다.

테레사가 복수형을 선호한 것은, 영적 생활의 여러 단계의 발달에 대해 수많은 해석이 가능하다는 것을 암시하는 것으로 보인다. 그녀는 이렇게 썼다. 각 맨션에는 "아름다운 정원과 분수가 있는 맨션들이 그 위와 아래, 그리고 주변에 더 많이 있으며, 너무나 즐거워서 당신의 영혼을 그분의 형상대로 창조하신 위대한 하나님을 찬양하면서 정신을 잃고 싶을 것이다."

이 책은 또한 자기 인식, 겸손, 초연, 그리고 고난과 같은 주제에 관한 잊을 수 없는 격언의 보고이기도 하다. 테레사는 거룩하게 생활하거나 사랑을 품고 행동하는 것을 기도와 분리하지 않는다. 그녀는 기독교 생활의 명상적인 측면과 능동적인 측면이 일치한다고 본다.

85

《자서전》
Autobiography
리지외의 성녀 테레즈(1873-1897) 지음

겨우 15세때 갈멜 수녀원에 입회한 테레즈는 '아기 예수와 성안(聖顔)의 성녀 테레즈'라는 종교명을 받았다. 그녀가 곧 죽게 될 것을 알고, 갈멜 수녀의 관례에 따라 그녀의 자서전을 썼다. 이 책은 실제로 세 부분으로 나누어진다. 한 부분은 1893년부터 1896년까지 여자 소수도원장이었던 아네스 수녀에게 쓴 글이며, 또 하나는 여자 소수도원장으로서 그녀의 뒤를 계승한 마더 마리 드 곤자느(Mother Marie de Gonzagne)에게 썼고, 세 번째는 성심의 마리 수녀에게 쓴 글이다. 이 글들은 주로 《영혼의 이야기: 자서전》이라는 책 한 권으로 묶여 출판되었다. 이 책을 통하여 그녀가 갈멜 수녀원에 들어가기 직전에 그녀가 가졌던 단순한 영성에 대하여 배울 수 있다. 교황 레오 13세를 알현한 것을 포함한 로마 방문을 회고하며 그녀는 예수님과 그녀의 관계를 다음과 같이 설명했다.

나는 자신을 얼마 전부터 아기 예수에게 작은 놀이기구로 바쳤다. 그분께 나를 아기들이 보아도 되지만 절대로 건드려서는 안 되는 소중한 장난감이 아닌 그분이 바닥에 던질 수 있고, 발로 밀며, 구멍을 내고, 구석에 놔두거나 그분을 기쁘게 한다면 그분의 가슴에 꽉 눌려도 되는 가치가 없는 작은 공처럼 사용하시라고 말씀드렸다. 한 마디로 말하면, 어린 예수님을 즐겁게 하고, 그분께 기쁨을 드리고 싶었다. 나는 그분의 어린 생각에 아양 부리기를 원했다. 그분은 나의 기도를 들으셨다.

그녀는 수녀가 된 이후에도 아기 예수에 대한 이 헌신을 잊지 않았다. 이는 그녀의 하나님에 대한 확신과 자포자기의 방식을 가리킨다. 그녀는 하늘에 계신 아버지에게서 모든 것을 기대하고, 아무것도 염려하지 않았다. 그분께서 모든 것을 책임지신다고 믿었기 때문이다. 그녀는 자신을 칭찬하지 않았으며 오히려 모든 선을 그분의 공로로 돌렸다. 그녀는 자신의 실수에 실망하지 않고 어린아이처럼 항상 배웠다.
"나의 아름다운 결혼식 날"이라고 불렀던 날에 한 그녀의 완전한 고백 뒤 그녀는 하나님의 임재하심을 끊임없이 인식했다. 그녀는 그 체험을 이런 식으로 표현했다.

나는 '천국이라는 왕국이 당신 안에 있다는 것'을 이해하고, 경험으로 안다. 예수님도 영혼들을 가르치시는 데 책이나 교사가 필요 없으셨다. 그분은 말씀 없이 가르치셨다. 그분께서 말씀하시는 것을 한 번도 들어 본 적이 없다. 하지만 그분께서 매 순간 내 안에 계시다는 것을 느낀다. 그분은 내가 말하고 행동해야 하는 것으로 인도하시고, 그렇게 할 수 있는 영감을 주신다. 내가 바로 필요할 때 내가 그때까지 보지 못했던 어떤 빛을 발견한다. 그리고 기도 시간 중에 이런 순간이 가장 빈번히 일어나는 것이 아니라 나의 일상적인 업무 가운데 이런 일이 자주 일어난다.

그녀는 셀 수 없을 정도로 많은 일반 사람들을 위한 하나님께로 향하는 길을 연 '작은 길'이었다. 그녀는 1925년에 시성되었다.
그녀의 메시지는 자신을 주님께 완전히 바치는 것이지만 평범하고,

일상적인 생활의 아주 작은 것들을 바치는 것이었다. 동기, 의지, 그리고 내면적 인도는 매우 중요하다. 이는 실제로 무엇을 하는 것보다 더 중요하다.

86

《그리스도를 본받아》
The Imitation of Christ
토마스 아 켐피스(c.1380-1471) 지음

이 책은 모든 묵상서 중 가장 유명하고 인기 있는 책이다. 그렇게 된 데에는 이 책의 명료한 문체와 심리적인 통찰, 그리고 지각력에 부분적인 이유가 있다. 우리가 본받아야 하는 대상은 겸손과 사랑, 고난, 그리고 하늘에 계신 아버지께 완전히, 그리고 기쁨으로 순종하면서 사신 주 예수 그리스도다. 켐펜의 토마스 하메르킨은 그의 형이 수도원장이었던 츠볼레 인근의 아그니틴베르크 집(Agnietenberg house)에서 어거스틴 수사가 되었다. 그는 그곳에서 원고를 필사하고, 자신의 글을 집필하면서 평생을 보냈다. 그는 영적 생활을 권하는 방대한 양의 작품들을 남겼다.

《그리스도를 본받아》의 내용은 4부로 구성되어 있다. 제1부는 자기 인식의 발전과 세상적인 가치관에서 점점 더 분리되는 영적 생활에 필요한 일반적인 권고다. 두 번째는 십자가의 길로서 특히 내적 생활에 대해 추가적인 권고를 한다. 가장 긴 세 번째 책은 내면의 위안이 하나님께만 뿌리박혀야 한다는 것과, 살아 계신 그리스도와 제자들 사이에 오갔던 대화에 관한 내용이다. 마지막으로 네 번째 책의 주제는 성만찬과 그것을 올바르게 받아들이는 방법이다. 토마스에게 성경과 성찬식은 거룩한 어머니 교회의 두 가지 위대한 보고다.

그리스도를 본받기 위하여 무엇보다도 먼저 복음서에서 그리스도의 이야기를 묵상하는 것이 필수다. "예수 그리스도의 생애를 묵상하는 것에 전력을 다하도록 하자." "만약 당신에게 겸손함이 결여되어서 삼위일체이신 하나님을 불쾌하게 만든다면 거룩한 삼위일체에 관하여 심오하게 논쟁한들 무슨 유익이 있겠는가?" 삼위일체의 교리를 정의할 수 있는 것보다 하나님 앞에서 죄에 대한 양심의 가책을 느끼는 것이 낫다. "하나님을 사랑하고, 그분만 섬기는 것 외에 모든 것은 헛되기 때문이다." 이 책의 내용에는 반지성주의적인 색채가 다소 있었다. 이는 토마스가 글을 쓰던 당시에 필요했으며, 당시에 스콜라주의 신학이 만연했음을 보여 준다. 이런 신학은 인간 마음의 필요에 아무것도 줄 수 없는 듯했다.

십자가를 묵상하고, 이를 지고 가는 것이 둘 다 중요하다. "십자가에 구원이 있고, 십자가에 생명이 있으며, 십자가에 원수에 대한 보호가 있고, 십자가에 천국의 달콤함이 배어 있다. 십자가에 정신적인 강함이 있고, 십자가에 영혼의 기쁨이 있으며, 십자가에 미덕의 극치가 있고, 십자가에 거룩함의 완성이 있다. 십자가 외에 영혼의 구원이나 영원한 생명에 대한 소망이 없다"(p. 213의《기도와 묵상》참조).

87

《기도와 묵상》
Prayers and Meditations
토마스 아 켐피스(c.1380-1471) 지음

토마스는 그리스도를 본받기 위하여 사복음서의 내용을 기도하면서 묵상하는 것이 먼저 필수적이라고 강조했다. 그리고 그 내용의 큰 부분이 고난 주간, 즉 예수님의 고난과 죽음에 관한 이야기이므로 그리스도를 묵상하는 것은 그분의 고난을 묵상하는 것을 의미했다. 그렇지만 그리스도가 살아 계시며, 성령으로 겸손한 신자에게 돌아오셨으므로 묵상은 살아 계신 그리스도와 함께 그분께 일어났던 일과 세상의 구원을 이루셨던 것을 회고하는 것이다.

대부분의 묵상은 기도문 형식으로 되어 있으며, "오 주 예수 그리스도시여, 당신을 축복하고, 당신께 감사드립니다."와 같은 말로 시작된다. 그런 다음에 묘사된 사건을 심사숙고하면서 그리스도와 하나가 된다. 그 다음에 중보자가 그리스도께서 보여 주신 것과 같은 심정을 받을 것이라는 의뢰가 잇따른다. 그 예는 다음과 같다.

저는 당신이 자신을 순종시켜 십자가에 매달리시는 데 보여 주신 단호한 확고부동함과, 어떠한 욕설이나 그럴듯한 제안도 당신을 그곳에서 내려오게 만들 수 없었다는 것과 잠시라도 그 십자가를 떠나지 않으시고, 자유의사로 그 높은 곳에 들어 올려졌던 것에 대하여 당신께 찬양과 영광을 돌립니다.

당신의 굉장한 사랑으로 자신을 그런 위치에 처하시고, 그곳에 머물러 돌아가

시며, 당신이 저희를 위하여 시작하신 일인 당신의 목적을 달성하는 데 적합한 방식으로 성취하시기 위해서 끝까지 거기에 머무시는 것이 당신의 뜻이었습니다.

제가 역경을 겪을 때도 끝까지 인내심을 갖게 하시고, 사람들의 비웃음을 두려워하지 않게 하시며, 이들의 칭찬을 받으려 하지 않게 하소서. 이생의 것으로부터 저의 눈을 돌려서 저의 모든 위안을 저의 유일한 구세주이신 당신에게서 찾을 수 있도록 하소서. 아멘.

위의 글은 성경의 성스러운 본문을 통하여 알려진 그리스도를 본받고자 하는 갈망이다.

예수님의 탄생과 그분의 사역뿐만 아니라 부활하신 뒤에 나타나신 것과 승천하신 것에 관한 묵상이 몇 편 있다. 하지만 대부분의 묵상문은 고난 주간의 내용과 종려주일부터 부활절 아침까지의 복음의 모든 측면을 다룬다. 우리가 그리스도의 피 안에서, 그리고 그분의 피에 의해 구속되었다는 것을 받아들이면서 토마스는 그분을 따르고 본받으며 사랑하기 위하여 예수님을 의지한다.

"오 가장 숭배할 만한 예수여, 거룩한 삶의 가장 밝은 거울이시여. 당신의 무익한 종에게 당신의 가장 달콤하고 완전한 본보기를 묵상하도록 해 주소서. 그래서 나의 모든 활동과 행위가 이를 좇아 본받도록 인도함을 받고, 온유하고, 겸손한 자세를 배우도록 하시며……유혹을 받을 때 경계하고, 잘못된 것이 있을 때 인내심을 가지며, 순종할 때 기꺼이 할 수 있도록 하소서."

나는 《모든 절기를 위한 그리스도》(*Christ for all Seasons* by Marshall Pickering)라는 제목 아래 이 책의 현대판을 출판했다. 이는 라틴어 원서인 *Meditationes et Orationes*의 번역본보다 약간 짧다.

88

《묵상문 100선》
Centuries of Meditations
토마스 트러헌(1637-1674) 지음

트러헌의 짧은 생애는 옥스퍼드대학에서 학창 시절과 성공회 성직 수임, 히어퍼드 인근 크레던힐에서 사제로 재직, 런던 인근에서 성직자로 재직한 것을 포함한다. 이 책은 1660년대부터 베트램 도벨(Bertram Dobell)이 그의 시집을 처음으로 출간한 지 5년 되는 해인 1908년까지 원고로만 존재했다. 이 책의 영성은 자연을 사랑하고, 하나님의 영광이 이를 초월하되 그 안에, 그리고 이를 통하여 있다고 본 사람의 것이었다. 그는 인간의 영혼이 하나님께서 거하고 싶어하시는 곳이라고 믿었으며, 그리스도 안에서 하나님의 완전한 계시와 구원을 보았다. 이 책에는 다양하되 대부분 짧은 길이의 묵상문 100편이 4세트 담겨 있다.

다음은 그의 사상과 문체의 몇몇 예다. 첫 번째는 세상을 즐기는 것에 관한 그의 생각이다.

세상을 경멸하면서 세상을 즐기는 것은 서로 상반된다. 그렇다면 우리가 즐기기 위해 태어난 세상을 어떻게 경멸할 수 있는가? 사실은 두 가지 세계가 있다. 하나는 하나님께서 창조하셨고, 다른 하나는 인간이 만들었다. 하나님께서 창조하신 세상은 위대하고 아름다웠다. 타락 이전에 이 세상은 아담의 기쁨이자 영광의 성전이었다. 인간이 만든 세상은 죄로 들어온 조작된 부와 허식과 공허가 가득한 혼돈의 바벨이다. 그 모든 것을 위하여 모든 것을 바쳐라(토마스 아 켐피스의 말). 둘 중에 하나를 즐기기 위하여 한 세상은 떠나라.

두 번째로, 묵상의 실제적인 실천에 관한 글은 다음과 같다.

묵상보다 더 쉽고 달콤한 것이 어디 있는가? 그런데도 하나님께서는 묵상으로 그분의 사랑을 즐기라고 권하셨다. 생각만큼 쉬운 것이 없으므로 제대로 생각하는 것만큼 어려운 것도 없다. 생각의 수월함은 하나님께 받았고, 생각의 어려움은 우리 자신에게서 일어난 것이다. 그런데 사실 나쁜 생각을 하는 것보다 좋은 생각을 하는 것이 훨씬 더 쉽다. 좋은 생각은 달콤하고 즐겁기 때문이다. 악한 생각은 불만과 근심으로 가득하다. 그러므로 악한 습관이 좋은 생각을 하는 것을 어렵게 만들었다. 천성 때문에 그런 것이 아니다. 왜냐하면 천성으로는 잘못된 생각을 하는 것이 너무나 어렵기 때문이다.

세 번째로, 영혼 안에서 사랑하는 것에 관한 그의 생각은 다음과 같다.

사랑으로 빛나는 것이 영혼 그 자체나 영혼 안에 계신 하나님이든 아니면 두 가지 모두이든 구별하기가 어렵다. 하지만 분명히 영혼의 사랑은 세상에서 가장 달콤한 것이다. 나는 무엇이 그것을 그렇게 훌륭하게 만드는지를 종종 감탄해 왔다. 만약 사랑하는 하나님께로부터 온 것이라면 그분의 본질이 빛나는 것이다. 영혼이라면 그것은 하나님의 형상이다. 이것이 둘 다라면 그것은 두 배의 은혜다.

《묵상문 100선》은 성인기에 '오묘함'을 재발견하고, 그것을 어린아이의 때 묻지 않은 선함에 가까운 것으로 간주한 사람을 우리에게 보여 준다. 그가 전달하는 바로 이것이 그의 《묵상문 100선》을 읽는 데 흥미를 더해 준다.

89

《나는 어떻게 크리스천이 되었나》
How I became a Christian
우치무라 간조(1861-1930) 지음

사무라이(무사)의 장남이었던 우치무라 간조는 일본 삿포로 농업학교에서 공부하는 중에 크리스천이 되었다. 그는 동료 학생들과 1881년에 비 서양 버전의 기독교를 창시했다. 이는 '무교회'(無教會)—무교회 운동—라 불리는데 지금도 존재하고 있다. 이는 특히 학자들과 학생들과 같은 교육받은 계층이 많이 믿는다. 그가 전통적인 일본 종교를 믿다 예수님을 믿게 된 이야기는 1890년대에 대부분의 북부 유럽어로 번역된 《나는 어떻게 크리스천이 되었나: 나의 일기에서》에 나온다. 그의 성경에 관한 22권짜리 주석은 그가 성경을 면밀하게 읽고, 공부하는 것을 무척 좋아했다는 것을 입증한다.

그의 회심기의 머리말에 무교회의 창시, 그의 미국 방문과 유학뿐만 아니라 기독교에 관한 그의 평가도 나온다. 그는 다음과 같이 썼다.

나는 내가 왜 크리스천이 되었는지가 아닌 어떻게 크리스천이 되었는지에 관해 쓰고자 한다. 소위 '회심의 철학'은 나의 주제가 아니다. 나는 그 '현상'만 설명하고, 나보다 더 교육받은 사람들을 위하여 철학적으로 사색할 수 있는 자료를 제공하겠다. 나는 일찍이 일기 쓰는 습관을 가졌었다. 나는 생각나는 아이디어나 사건을 그대로 적곤 했다. 나는 자신을 주의 깊게 연구할 대상으로 만들었고, 내가 여태까지 연구했던 것보다 나 자신이 더 신비롭다는 것을 발견했다. 나는 자신의 출세와 진보, 그 넘어짐과 퇴보, 그 기쁨과 소망, 죄와 어두움을 기록했다. 그리고 이와 같은 관찰의 결과로 수반되는 모든 두려움에도 불구하고 내가 여태까지 착수했던 어떤 연구보다도 이것이 더 흥미롭다는 것을 발견했다. 나는 이 불쌍한 나무껍질이 죄와 눈물, 그리고 많은 고뇌를 거쳐 하늘에 있는 안식처를 향하는 일상적인 진보를 기록하는 나의 일기를 '일지'라 부른다. 차라리 이 책을 '생물학자의 스케치북'이라 부르는 것이 나을 것이다. 여기에는 씨앗에서 이삭이 팬 옥수수로 발생학적 발전 중에 있는 영혼의 모든 형태학적, 생리학적인 변화의 이야기가 담겨 있기 때문이다.

그는 "유일신을 믿는 기독교가 나의 모든 미신의 뿌리를 잘랐다. 내가 했던 모든 절과 나의 격노한 신들의 노여움을 달래려고 시도했던 여러 가지 숭배 형식이 이 하나의 신을 믿음으로 이제 다 면제되었다. 그래서 나의 이성과 나의 양심이 '좋아요!'라고 대답했다."라고 말한다.

'성직자'를 '열등하고' '감상적인' 삶의 방식으로 간주했던 무사 배경 때문에 그는 신학을 심각하게 공부하고 기독교 목사와 교사라는 소명에 자신을 헌신할 수 있기까지 자신의 내면에서 극복해야 하는 전투가 수없이 많았다. 이 책은 회심과 그리스도에 대한 헌신이 거의 1세기 전에 일본에서 무엇을 의미했는지에 관한 훌륭한 이야기다.

90

《영성 생활》
The Spiritual Life
이블린 언더힐(1875-1941) 지음

1907년 종교적 회심을 체험한 뒤 미스 언더힐은 기독교 신비주의를 공부하는 데 관심을 돌리고, 결국 《신비주의: 인간의 영적 의식의 성질과 발달에 관한 연구》(제1판 1911년, 제13판 1940년)라는 책을 출간했다. 그녀는 신비주의 신학과 영성에 관한 다양한 책을 번역하고, 이 주제에 관해 그 외의 작품도 집필했다. 번역가와 편집자인 그녀의 학술적인 일 외에도 그녀는 영성 지도 수녀였고, 수양회의 지도자였다. 이 수양회에서 그녀가 한 몇몇 강의는 책으로 출간되었다. 그녀는 또한 《예배》(1936)라는 제목이 붙은 중요한 책도 출간했다.

1936년에 그녀는 영성 생활에 대해 영국 BBC 방송에서 네 번 강의했다. 이 강의는 나중에 개정되고 보완된 형태로 출판되었다. 그녀는 이렇게 설명했다. "나의 목표는 인간의 영성 생활에 관련된 몇 가지 위대한 진리를 간단한 언어로 제시하는 것이었다. 이 진리를 일반 방식과 동떨어진 다른 세속성의 심한 형태가 아니라 모든 진짜 종교 중심으로 다루었다. 따라서 이 진리는 일반 남녀들에게 절대적으로 중요하다." 그녀는 이 강의와 잇따라 나온 책에 지난 40년 동안의 그녀의 영성에 대한 지식과 체험의 열매를 넣었다.

그녀는 "영성 생활이란 단순히 우리가 하는 모든 일이 하나님께 정박

하고 있는 마음 중심으로부터 우러나오는 삶이다. 그분의 현실과 요구, 그리고 그분의 의지라는 큰 움직임에 스스로 얻은 느낌에 의해 철저히 배어든 삶"이라고 주장했다.

그녀는 다음의 예를 보면 때로 상당히 퉁명스럽다.

많은 사람들은 이들의 행동으로 하나님이 그들의 목욕, 아침 신문 또는 아침에 마시는 한 잔의 차보다 훨씬 덜 중요하다는 것을 암시한다. 하나님과 협력하는 삶은 하나님만 홀로 중요하다는 진리와 완전하신 그분은 항상 완벽을 바라신다는 것을, 완전히 그리고 실질적으로 받아들이는 것으로 반드시 시작되어야 한다. 그러면 이는 우리가 완벽을 위하여 일하기 시작하도록 필연적으로 압박할 것이다. 처음에는 우리 인격과 행위에 대하여, 그리고 나중에는 우리 집안과 주변 환경, 직업, 그리고 나라에 대하여 완벽을 추구하도록 말이다.

그러므로 영성 생활은 예수 그리스도를 따르기 위하여 앞질러 나설 모든 사람을 위한 생활이다. 이는 성 어거스틴의 말을 빌리자면 "하나님만이 유일한 실체시고, 우리는 그분의 질서 안에 있고, 그분이 우리 안에 있는 현실"인 삶이다. 또한 그녀는 "기독교 영성의 진정한 근본적인 책은 시편과 신약이다. 그러나 이 사실의 진가를 초신자들이 항상 인정하지 않는다."라고 강조했다.

91

《기도 안내》
A Guide to Prayer
아이작 와츠(1674-1748) 지음

와츠는 조합 교회의 위대한 찬송가 작사자로 기억된다. 그는 시편을 회중 찬송가로 만들고, "주 달려 죽은 십자가"(찬송가 147장)와 "햇빛을 받는 곳마다"(찬송가 52장), 그리고 "There is a land of pure delight"와 같은 훌륭한 찬송가를 작사했다. 사실 그가 영성 고전으로 발행되는 것을 본 그의 찬송가집(1709년과 1719년 간행)을 설명하기 위한 훌륭한 예가 있다. 우리가 알고 있는 회중 찬송가의 형식을 구체화한 사람은 와츠였다. 그는 새로운 종류의 발라드 작사자였기 때문이다. 그의 영향과 웨슬리 찬송가의 영향을 통하여 찬송가는 전 세계의 크리스천을 위한 영성 표현의 중요한 일부가 되었다.

하지만 와츠는 회중 예배 속에서 정해진 예배식이 없었던 기도의 순서상 위치에 대해서도 관심이 있었다. 그래서 그는 *A Guide and Spirit of Prayer*(1715)를 집필했다. 이 책은 여러 번 재판되었고, 내가 출간한 책은 1948년에 그가 사망한 지 200년이 되는 해를 기념하기 위해 나온 책이다.

이것은 기도의 특성과 관련하여 예배에서 드리는 공중 기도가 나타난 하나님의 뜻에 따라 이루어져야 한다는 그의 확신과 관심으로 집필된 일종의 교과서다. 따라서 그는 하나님께 호소, 경배, 고백, 기원, 변론,

헌신, 그리고 감사의 내용을 다룬다. 그는 또한 "기독교 생활에서 가장 숭고하고, 가장 유익해서 열렬한 갈망과 근면으로 추구해야 하는" 기도의 선물을 살펴보기도 한다. 여기서 그는 대중 앞에서 즉흥적으로 유익하고 열매를 맺는 방식으로 기도하기 위하여 필요한 준비에 관해 충분한 권고를 한다. 기도라는 은사는 말하자면 하나님의 사람들을 교화시키기 위한 기능을 다하기 위하여 다듬어져야 한다.

물론 와츠는 목회자나 지도자의 일상적인 기도 생활과 회중을 대신하여 하나님께 드리는 기도의 질과 영성 사이에 아주 중요한 관계가 있음을 보기도 한다. 즉흥 예배에서는 마음의 준비뿐만 아니라 정신적인 참여도 있다. 그는 이렇게 썼다. "세상 속에서 의무를 다하다가 종종 기회를 잡아서 하나님께 기도를 드려라. 그분은 언제든지 갑자기 한 마디를 듣고, 경건한 영혼이 자신을 향하여 숨을 쉬는 것을 응답하실 준비가 되어 있으시다."

우리는 정해진 예배 의식을 전통적으로 사용해 온 몇몇 교회가 정해진 형식 없이 이따금씩 예배를 드리는 시대에 살고 있다. 어쩌면 즉흥 예배만 드리는 교회들과 함께 이들 교회는 기도에 대한 접근과 준비에 관한 유익한 도움을 주는 와츠의 소책자를 공부함으로 이득을 볼지도 모른다. 물론 이 책에는 권능 있는 은사의 사용에 관한 언급이 없다. 18세기에는 그런 은사를 별로 참조하지 않았기 때문이다.

92

《찬송가》
Hymns
찰스 웨슬리(1707-1788) 지음

    찰스 웨슬리는 영국 찬송가 작사가 중에 가장 재능이 있는 사람으로 널리 알려졌다. 그는 가장 많은 작품을 작사했다. 7,270편의 찬송가가 그의 펜으로 작시되었으며, 그중 몇몇은 최상의 질을 자랑한다. 그 찬송가는 찰스 웨슬리와 그의 형제 존 웨슬리가 세상에 전파하고 있던 복음주의 신앙과 체험을 힘차게 표현한다.

    그의 회심을 기념하기 위해 그가 작사한 찬송가는 이런 질문을 던짐으로써 시작된다. "나의 방황하는 영혼이 어디서 시작하리요? 내가 어떻게 천국을 열망하리요?" 1779년에 존 웨슬리가 편집한 첫 번째 《감리교 찬송집》에 있는 대다수의 찬송가는 찰스가 작사한 것이었다. 이 찬송집은 기독교 예배의 주제의 전체 범위를 다룬다. 이 주제 중의 하나이며 '복음주의 웨슬리 형제'와 항상 연관되지 않은 것은 성찬식이었다. 1745년에 찰스는 《성찬에 관한 찬송가》를 출판했다. 이 위대한 책의 후속판에서도 그랬듯이 이 모든 찬송 중 몇 편만 첫 번째 감리교 찬송집에 실렸다.

    《성찬에 관한 찬송가》(*Hymns on the Lord's Supper*)를 읽어 본 사람들은 성찬의 신학에 대한 우수한 소개뿐만 아니라 예수 그리스도의 성찬의 몸과 피를 어떻게 받아들이는지에 대한 실제적인 지침도 소개받을 것이다. 사실 이와 관련된 웨슬리의 작품은 18세기 대각성에 '성례적' 일 뿐만 아니라 '복음주의적' 이라는 제목이 붙을 만하다(J.E. 래튼베리가 집필한 웨슬리 형제에 대한 훌륭한 연구도 참조하라).
 다음은 그다지 널리 알려지지 않은 찬송가 중의 하나다.

  엠마오에서 이 신비로운 빵을
  나누신 오 주님.

  먹일 우리 영혼으로 돌아오소서.
  그리고 당신의 신도들에게 말씀하소서.

  당신의 은혜의 두루마리를 푸시고,
  복음의 말씀을 적용하소서.

  당신의 얼굴을 볼 수 있도록
  주님을 알도록 우리 마음을 여소서.

  당신이 세마포를 벗으실 때까지
  우리는 아직도 성찬을 드리고 애도하나이다.

  우리와 대화하소서. 그리하면 우리 마음이
  열렬한 사랑의 불로 타오르겠나이다.

  이제 천국의 열정을 불붙이시고,
  당신의 자비를 알리소서.

그리고 우리 용서받은 영혼이

하나님과 사랑이 하나라는 것을 느끼게 하소서.

더 알려진 찬송가로는 "오소서, 영원하신 성령이시여. 모든 감사하는 마음에 오소서"("Come, Thou everlasting Spirit, Bring to every thankful mind")와 "식탁을 차려 놓으신 거룩하신 생명의 창조주"("Author of Life Divine, Who has a Table spread") 등이 있다.

존 웨슬리는 《감리교 찬송집》 서문에 "시의 정신보다 더 무한한 것은 경건의 정신이다."라고 썼다. 그는 사용자들이 찬송가를 통하여 살아 숨 쉬는 경건의 정신을 발견하기를 바랐다. 그 다음에 존 웨슬리는 "따라서 시가 경건의 시녀로서의 자리를 지키면 초라하고 말라 죽는 화관이 아닌 사라지지 않는 면류관을 받을 것이다."라고 덧붙였다. 확실히 찰스 웨슬리의 훌륭한 시는 영성의 시녀로서 제자리를 지키고, 그렇기 때문에 읽기도 좋고, 찬송으로 부를 만하기도 하다!

93

《크리스천의 완전에 대한 평이한 설명》
A Plain Account of Christian Perfection
존 웨슬리(1703-1791) 지음

웨슬리는 복음을 전하기 위하여 말을 타고 수천 킬로미터를 여행했다. 그는 사람을 조직하는 데 뛰어났으며, 독일 찬송가의 번역가로서 재능이 있었고, 전승된 여러 전통의 크리스천들의 작품을 편집했으며, 오늘날 생생하고 유익한 읽을거리가 되는 설교집과 논문을 집필했다. 그의 가장 중요한 소책자 중의 하나는 완전한 사랑의 실천으로서 크리스천 생활에 관한 이 책이다. 감리교도들이라 불리는 사람들이 기독교 영성에 독특한 기여를 한 것으로 보았던 그의 가르침을 설명했을 뿐만 아니라 자신의 영적 순례의 측면도 독자들에게 소개했다. 그는 크리스천의 완전(하나님의 사랑 안에 성숙)이 크리스천의 생활의 전체적인 요점이고 목적임을 강조하고 옹호했다. 감리교는 하나님께서 영국 전역, 그리고 그곳으로부터 전 세계로 '성경적 거룩함'을 전파하라고 세우셨다.

웨슬리의 생전에 이 책은 6번 재판되었으며, 그의 사망 이후 30번 이상 재판되었다. 그의 형제 찰스(p. 223의《찬송가》참조)와 함께 그는 다음과 같이 주장했다. ① 크리스천의 완전은 모든 죄로부터의 구원을 암시하는 하나님과 이웃에 대한 사랑이다. ② 이것은 오직 믿음으로만 받을 수 있다. ③ 한순간에 즉시 주어진다. ④ 이를 모든 순간에 받아들여야 한다. 지금(죽을 때가 아닌)이 그것을 받아들일 시간이며, 지금이 구원받을 날이다.

그가 말하는 완전은 절대적인 것이 아니라 상대적인 완전이다. 하지만 성경과 기독교 전통에 뿌리를 두고 있기 때문에 이 표현을 사용한다. 그는 다음과 같이 설명했다.

> 나는 마음을 다하여 하나님을 사랑하는 사람들을 많이 안다. 그분만이 이들의 열망이며 유일한 기쁨이다. 이들은 그분 안에서 끊임없이 행복하다. 그들은 이웃을 자신과 같이 사랑한다. 이들은 자신에게 그러듯이 선하든 악하든, 친구든 원수든 모든 사람의 행복을 바라는 진정하고 열렬하며 끊임없는 열망을 느낀다. 그들은 항상 기뻐하고, 쉬지 않고 기도하며, 범사에 감사한다. 이들의 영혼은 거룩한 기쁨과 기도, 그리고 찬양 속에서 하나님께 끊임없이 올라간다. 하지만 이런 영혼들조차 상한 몸 안에 거하고, 너무나 눌러서 항상 올바르게 생각하고 말하며 행동하면서 자신들의 전력을 발휘할 수 없다. 더 나은 신체적 기관을 원하기 때문에 사랑이 결핍되어서가 아니라 지식의 부족함으로 이들은 때로는 잘못 생각하고 말하거나 행동해야만 한다. 그리고 이런 사정으로, 그 결함과 이에 따른 필연적인 결과에도 불구하고 이들은 사랑의 법칙을 성취한다. 그런데 이런 경우조차 완전한 법칙을 충분히 준수하지 못한다. 그래서 가장 완전한 사람은 바로 이 이유에서 구속의 피가 필요하며, 자신뿐만 아니라 그들의 형제들을 위해서도 적절하게 "우리 죄를 용서하소서."라고 말할 수도 있는 것이다.

그렇지만 상대적 완전, 즉 크리스천의 성숙은 아주 고귀한 소명이다!

94

《존 플레처 목사의 생애와 죽음》
The Life and Death of the Reverend John Fletcher

존 웨슬리(1703-1791) 지음

존 윌리엄 플레처(1729-1785)는 스위스에서 태어났으며, 교육도 거기서 받았다. 그는 영국에 정착하여 감리교 운동에 큰 영향을 받고, 1757년 성공회의 성직자로 임명받았다. 1760년에 그가 오랫동안 감리교 운동을 지원했던 쉬롭셔에 있는 마델리의 교구 목사가 되었다. 플레처에게서 웨슬리는 크리스천의 완전, 영적 성숙, 그리고 영적 거룩함이 일상적으로 현실화되는 것을 보았다. 사실 웨슬리는 그를 후계자와 감리교의 리더로 임명했다. 하지만 그는 웨슬리보다 먼저 세상을 떠났다. 웨슬리가 그의 친구의 생애와 죽음에 대해 쓴 이 이야기는 플레처의 과부와 형제가 들려준 이야기에 기초를 두고 있다. 이 글은 전기일 뿐만 아니라 한 개인의 거룩함에 대한 연구이기도 하다. 웨슬리가 쓴 그의 전기 이전에도 플레처와 그의 사역에 대하여 더 많은 정보를 주는 전기도 있었다. 하지만 웨슬리가 쓴 이 전기는 주로 영적 연구라는 점에서 독특하다.

웨슬리는 하나님과 플레처와의 교제에 관한 이야기를 다음과 같이 들려준다.

비록 그가 항상 모든 장소에서 하나님과 교제를 어느 정도 누렸지만, 그가 가장 친밀한 교제를 나누었던 시간은 자신의 집이나 교회, 흔히 후자에서 보내는 시간이라고 종종 듣곤 했다. 그 자신이 쓴 그런 직접적인 기록이 없다는 것이 유감스러울 따름이다. 그 시간은 하나님의 임재하심의 느낌을 방해받지 않고 유지하기 위한 그의 끊임없는 노력이었다. 이렇게 하기 위하여 그는 입이 무거웠고, 그의 말을 가장 능숙하게 다룰 수 있었다. 실제로 그는 하나님 앞에서 하듯이 행동하고 말하며 생각했다. 따라서 언제나, 모든 경우에 내면적인 명상을 하면서 하나님을 늘 그보다 우선시했으며, 모든 일에 흔들리지 않았다. 또한 그가 나가거나 들어올 때든 우리끼리 있거나 손님이 있을 때에도 이런 것으로부터 관심을 돌리는 것을 본 적이 없다. 그는 때때로 혼자서 여행을 떠나곤 했다. 하지만 나는 그와 수천 킬로미터를 함께 여행했는데 동행하는 사람, 장소 또는 여행하는 중에 자연스럽게 일어나는 여러 가지 상황의 변화도 그가 하나님의 임재하심에 확고하게 주의를 기울이는 것에 영향을 미치지 않는 듯했다. ……그는 자신과 그 밖에 다른 사람들의 영혼을 하나님과의 친밀하고 즉각적인 교제로 끌어올리려고 항상 노력했다. 그리고 진실로 말하건대, 그와 내가 나누었던 모든 교제는 항상 기도와 찬양으로 뒤섞여서 모든 일과 모든 식사에도 이런 향기가 배어 나왔다.

그가 설명한 바가 진실이라는 것을 증명하는 다른 사람들의 간증도 수도 없이 많았다. "은혜는 그의 모든 발자취에 배어 있었으며, 그의 눈에는 천국이 보였고, 그의 모든 몸짓에는 신성함과 사랑이 깃들어 있었다."

어쩌면 플레처의 생애와 죽음에 대한 웨슬리의 이야기는 감리교와 복음주의 종교에게는 안토니의 생애와 죽음에 대한 아타나시우스의 이야기가 그리스 정교회와 수도원 생활에 그런 것처럼 같은 성격의 글일지도 모른다.

95

《44편의 설교》
Forty-four Sermons
존 웨슬리(1703-1791) 지음

이 설교집은 감리교에서 특별한 위치를 차지한다. 이 글은 웨슬리가 제공한 믿음과 도덕, 그리고 영성에 관한 가르침에 종합적인 통찰을 줄 뿐만 아니라 감리교 교리의 근간의 일부이기도 하다. 수십 년 동안 감리교 목사들은 교회의 순회 구역에서 목사로 인정받기 전에 이 설교집을 의무적으로 읽고, 이 글에 대한 지식을 확인하기 위하여 시험을 보아야 했다. 4권으로 처음 발간된 이 설교집은 웨슬리의 설교를 말 그대로 기록한 것이 아니라 그가 설교에 더한 실례와 주제와 관련된 참고문 등과 같은 설교의 내용을 담은 것이었다. 아마도 각 편은 웨슬리가 말을 타고 여러 장소를 순회하는 가운데 설교하고, 가르치며, 사람을 조직하면서 여러 형태로 설교되었을 것이다.

웨슬리는 서문에서 이렇게 주장했다.
"나는 평범한 사람들을 위한 평범한 진리를 갈망한다. 따라서 나는 뚜렷한 목적을 세우고 까다롭고 철학적인 고찰과 모든 복잡하고 난해한 추론을 삼가겠다. ……나는 일상생활에서 사용되지 않는 이해하기 어려운 말을 전부 피하려고 노력하겠다. 나는 이에 따라……천국으로 향하는 길과 관련하여 성경에서 발견한 것을 사람이 만든 모든 길로부터 구별하기 위하여 하나님의 이 길을 구별하기 위한 의도를 가지고 기록했다. 나는 진정한, 성경적인, 그리고 경험적인(즉 체험에 바탕을 둔) 종교를 설명하려고 노력했다. 거기서부터 진짜 부분을 하나도 생략하지 않고 진리가 아닌 것을 거기에 더하지 않도록 노력했다."

그는 젊은 크리스천들이 종교 의식에 지나지 않는 것에 빠지지 않도록 막고, 이들이 사랑으로 역사하는 믿음인 마음의 종교(heart-religion)를 갖도록 돕고 싶어했다. 그리고 이 마음의 종교를 아는 사람들에게 타락하지 않도록 그들이 직면하고 있는 위험을 경고하기 원했다.

이 설교집에서 다루는 주제는 복음의 핵심 주제와 연관되어 있다. 그 중에는 중생 또는 거듭남, 개종, 회개와 믿음, 하나님의 자녀로의 입양, 크리스천 생활, 구원의 확신 누리기, 삶의 거룩함, 유혹과 고난에 직면하기, 자기 부인, 율법의 위치, 천국이라는 나라의 사도들의 인격, 돈의 사용, 그리고 완전한 사랑으로의 부르심 등이 있다. 웨슬리는 너무나 높은 기준을 세워서 사람들은 '거의 크리스천'(almost Christian)에 대한 그의 설명[행 26:28, "네가 적은 말로 나를 권하여 (거의) 그리스도인이 되게 하려 하는도다"]이 실제로는 대부분의 목사나 복음 전도자들에게 일반 크리스천의 묘사에 불과하다고 했다. 웨슬리의 설교는 그리스도 예수 안에서 하나님의 높은 부르심에 의해 자신을 그분의 섬김에 전적으로 바치는 도전을 받고 싶은 사람들을 위한 것이다.

웨슬리 본인도 이렇게 고백했다. "나는 한 가지만 알고 싶다. 그것은 천국으로 가는 길이다. 그 행복한 해안에 안전하게 도착하는 법을 알고 싶다. 그분께서 이 방법을 한 책에 기록해 두었다. 오, 그 책을 나에게 주소서! 어떤 값이라도 치르겠으니 하나님의 책을 주소서! 나는 그 책을 가졌다. 이 지식으로 충분하다. 나는 한 책의 사람이 되겠다. ……그분

앞에서 나는 그분의 책을 펴고 읽는다."

그의 설교는 하나님과 그분의 말씀에 대한 이 헌신을 반영한다. 다른 이유가 없다면 이 책은 바로 이 이유 때문에 읽을 만한 가치가 있다.

96

《조지 휫필드의 일기》
The Journals
조지 휫필드(1714-1770) 지음

휘트필드는 18세기의 가장 위대한 웅변가이자 설교가였다. 그에 대해 덜 알려진 것은 그가 가장 사랑스럽고 겸손한 성인이었다는 것이다. 영국과 미국을 순회하는 복음 전도자로서의 그의 사역은 놀라웠으며, 그의 대단한 업적은 성령의 임재하심과 능력의 역사라고밖에 설명될 수 없다. 그는 동 시대에 활동했던 위대한 존 웨슬리처럼 조직가는 아니었지만 그의 본보기와 메시지로 사람들에게 큰 믿음과 헌신, 그리고 비전을 불러일으켰다.

그의 《조지 휫필드의 일기》는 그의 생애 중 처음으로 런던에서 조지아로 항해했던 1737년 12월부터 1745년 봄까지의 기간을 다룬다. 이 기간에 그는 대서양을 5번 왕복하며, 영국과 미국에서 영적 대각성을 목격했다. 그 일기는 주님을 위하여 사람들을 사랑하고, 진심으로 그들에게 관심을 가져 주며, 복음을 설교할 수 있다는 데 흥분하는 불과 같은 열정을 가진 청년을 나타내 보여 준다.

24세의 나이에 그는 브리스틀 인근에서 일하는 광부들에게 설교했다.

3월 30일. 금요일. 오늘 오후에 콜 피트 히스 인근에서 설교를 했다. ……그곳에는 많은 광부들이 살고 있다. 이번 계기로 대략 2천 명이 모였다고 생각한다.

날씨는 무척 좋았고, 청중들은 예의바르게 행동했다. 내가 설교했던 곳은 5월제의 기둥이 가까이 있던 곳이라 이 기회에 흥청거리며 춤을 추면서 이들의 시간을 낭비하지 말라고 경고했다. 오, 이런 모든 연회가 중단되었으면 얼마나 좋을까. 나는 이에 변화를 가져오려면 용감하게 나가서 예수 그리스도의 이름으로 그런 헛된 일을 그만두라고 사람들에게 외치는 길밖에 없다고 본다. 강제적인 힘으로 일어난 개혁은 단지 겉보기에만 좋고 피상적이다. 그러나 하나님의 말씀의 능력으로 이루어진 개혁은 내면적으로 일어나며 영원하다. 주님, 그런 일을 위하여 은혜로 나를 만나 주시고, 나를 보내소서.

설교는 휫필드의 삶의 중심이었다. 하지만 그는 또한 영국의 자선학교와 조지아에 있는 고아원을 위해 모금 활동도 적극적으로 했다. 그가 겨우 25세였을 때 사바나에서 쓴 글은 다음과 같다.

3월 25일. 화요일. 나는 베데스다로 가서 큰 확신을 갖고 큰 집의 첫 번째 벽돌을 놓았다. 근로자들도 그 자리에 있었으며, 나와 함께 무릎 꿇고 기도했다. 우리가 찬송가를 함께 부른 뒤 나는 노동자들에게 격려의 말씀을 선포하고, 이들이 하나님을 위하여 일한다는 것을 알면서 열의를 갖고 일할 것을 권유했다. 그들 사이에 만족감이 역력했다. 하나님의 거룩한 이름이시여, 영광을 받으소서. 그분의 행사가 우리 손으로 많이 번창했다. 20에이커의 땅이 개간되었으며, 씨를 뿌릴 준비가 거의 다 되었다. 두 채의 집이 지어졌고, 한 채는 거의 다 완성되었다. 큰 집의 모든 목재가 톱질되었으며……기초의 상당 부분이 세워졌으며, 수천 개의 벽돌이 준비되었다. 이제 거의 40명의 아이들이 나의 보살핌 아래 있으며, 거의 100명이 우리 저장고에서 나오는 음식으로 급식을 받는다. 비용이 많이 들지만 우리의 위대하시고 선하신 하나님께서 이를 감당하도록 해 주실 것이라고 확신한다.

《조지 휫필드의 일기》를 보면서 그의 《설교집》도 읽어 보라.

97

《실제적 견해》
A Practical View
윌리엄 윌버포스(1759-1833) 지음

월버포스는 특히 노예 제도를 폐지한 업적으로 기억된다. 그는 헐(Hull)에서 태어났으며, 의회에서 오랫동안 의원으로 봉직했다. 복음주의 크리스천으로서 그는 공적 생활에 관여하며, 돈과 재산을 가진 사람들을 전도하기 위한 단체였던 클래펌파(Clapham Sect)에 소속되었다. 그는 이런 돈과 재산을 가진 사람들을 대상으로 《진정한 기독교와 대비하여 이 나라의 상류층과 중산층 전문인 크리스천들의 기존 종교 체제에 관한 실제적 견해》(A Practical View of the Prevailing Religious System of Professed Christians in the Higher and Middle Classes of this Country contrasted with Real Christianity)를 썼다. 이 책은 길이가 상당히 긴데도 불구하고 즉시 베스트셀러가 되었다. 정치인이 이렇게 명백하게 복음주의적이고 신학적인 책을 쓰는 것이 드문 일이었기 때문이다! 이 책은 현대 독자들이 더 읽기 쉽도록 요약판으로 편집되었다.

이 책에서 다룬 주제는 다음과 같다.
영국 사람들이 가진 기독교에 대한 부적절한 생각, 성경적 가르침에 따른 인간성의 상태―그것은 죄가 많고, 용서받아야 하며, 회복되어야 한다. 많은 명목상의 크리스천들이 주 예수 그리스도와 성령을 제대로 이해하지 못한 것, 실천 종교가 사랑으로 이루어지는 믿음이 아니기 때문에 실패할 수밖에 없는 이유, 그리고 종교 상태 속에서 변화를 이룰 수 있는 권고와 힌트 등이 포함된다.

이 책이 거의 끝나갈 즈음 그는 진정한 기독교 신앙을 열망하는 사람들에게 이렇게 쓴다.

> 진정한 크리스천들은 모든 일에 이들의 믿음을 권하고, 무지한 반대자들의 헛된 비웃음을 잠재우기 위하여 적절한 열심을 갖고 노력하도록 하라. 크리스천이라는 이름을 지니고 다니는 너무나 많은 사람들이 그분을 부끄러워하는 이 시대에 그리스도의 대의를 담대하게 증거하도록 하라. 또한 국가의 타락을 잠시 동안 막는 중대한 의무가 이들에게 주어졌다는 것을 고려하도록 하라. 어쩌면 이들은 정치를 방해하는 것이 아니라 종교의 영향력을 회복하고, 윤리의 기준을 높임으로 사회에 더 큰 공헌을 하는 것일 수도 있다.
>
> 이들이 절제하고 자기를 부정하는 가운데 적극적이고, 타인을 도우며, 그들에게 베풀도록 하라. 그들이 게으름을 죄처럼 부끄러워하도록 하라. 하나님께서 이들에게 풍요로움으로 축복하시면 이들의 겸손한 행실과 절제로 이상하게 보이지 않으면서 유행의 노예가 아님을 나타내도록 하라. 도리어 절제의 본을 보이는 것을 이들의 의무로 삼고, 다른 사람들이 겉치레와 의복, 마차, 그리고 말에 낭비하는 돈을 더 숭고하고 더 청렴한 목적을 위하여 아껴라. 요컨대 이 세상이 주는 어떤 목적보다도 더 높은 목적에 관심을 두고 있고, 세상이 헛고생과 방탕함 속에서 추구하는 만족과 편안함을 마음속으로 지니면서 모든 세상적인 것에 절제를 보이도록 하라.

어쩌면 여기에 풍요로운 서구 크리스천들을 위한 메시지가 있을지도 모른다!

《실제적 견해》

98

《무지의 구름》
The Cloud of Unknowing
익명의 영국 수사(c.1380) 지음

14세기 말에 집필된 이 책은 서구 영성과 영문학에서 중요한 위치를 차지한다. 이 책은 초보 크리스천들을 위해 집필되지는 않았다. 이 책은 독자가 기도나 우리 주님의 생애와 고난에 대한 묵상, 그리고 도덕적인 삶을 살고자 노력하는 것을 당연시 여기기 때문이다. 도리어 이 책은 기도를 더 하고 싶은, 깊고 신비로운 갈망을 느껴서 이 갈망이 진정으로 하나님께로부터 온 것인지 단지 인간적인 호기심이나 허식인지 발견하는 데 도움을 주기 위하여 집필되었다. 하지만 이 갈망은 실제로 갈망이 아니라 "당신이 무엇인지를 모르는 것을 갈망하도록 움직이게 하는 말로 표현할 수 없는 무언가다."

저자는 진정한 명상과 하나님과의 영적 연합의 특징을 설명하면서 독자들을 깊은 바다로 인도한다. 이 목표로 가는 길은 부정의 길이다. 무엇보다도 먼저, 세상과 그 피조물로부터 분리하여 그것들을 '기억 상실의 구름' 속에 남겨 두는 것이 있다. 이는 예수님의 수난과 자신의 죄를 묵상함으로 성취된다. '기억 상실의 구름'을 넘으면 더 짙은 '무지의 구름'이 있는데, 이것은 '갈망하는 사랑의 날카로운 창'으로만 꿰뚫을 수 있다. 그 마음은 하나님의 은혜로운 언약을 붙들면서 그 구름에 접근하는 데 도움이 될 수 있지만 오직 사랑(영혼의 정서적인 능력)만이 여행의 마지막 부분을 이룰 수 있다. 그 이유는 하나님이 초월적이셔서 이성만으로는 그분을 확실히 알 수 없기 때문이다. 오직 사랑의 힘만 그분과 연합하기 위하여 어둠을 헤치고 나갈 수 있다.

하나님께서는 자신의 신격을 우리 영혼에 맞게 조절하심으로 그곳에 자신을 정확하게 맞추시고, 우리 영혼은 그분의 형상대로 창조된 가치에 의하여 그분께 정확하게 들어맞는다. 오직 그분만 우리 영혼의 마음과 갈망을 채우는 데 족하시며, 이를 초월하신다. 그리고 그분의 회복시키는 은혜로 인하여 우리 영혼은 모든 창조된 아는 힘, 곧 인간과 천사의 영혼이 이해할 수 없는 그분 전체를 사랑으로 완전히 이해할 수 있다.

'사랑하는 힘'과 '아는 힘' 사이의 구별이 아주 중요하다. 하나님은 항상 지성의 작용인 후자에 결정적으로 불가해하다. 하지만 하나님은 은혜에 의하여 사랑으로 이해할 수 있다. 또한 사랑 안에서 하나님을 이해하는 것은 영원한 행복이다. 명상 속에서 사랑은 무지의 구름을 꿰뚫고 '사랑의 놀라운 기적', 곧 하나님과의 연합을 체험하게 한다.

이 책은 거룩한 삼위일체의 기도로 시작되며, 하나님과의 연합은 사랑의 거룩한 삼위일체와의 연합이라는 것을 당연시한다. 그러나 이 책은 성숙한 크리스천들만을 위한 책이다. 이 책은 영성 지도 신부와 상담을 한 가운데 명상 기도라는 의식에 이끌리는 성숙한 크리스천들을 위한 책이다.

《무지의 구름》

99

《독일 신학》
Theologia Germanica
익명의 저자(c.1350) 지음

1516년, 아직 교회의 개혁자가 아니라 하나님과 진리를 추구했던 신학 교수였던 마틴 루터는 비텐베르크에서 작은 책을 출간했다. 이 책은 제목이나 저자 이름도 없어서 "올바른 구별과 추리, 옛사람과 새사람, 아담의 것과 하나님의 것, 그리고 아담이 어떻게 죽고, 그리스도가 부활하는지를 나타내는 영적이고 고결한 작은 책"이라는 표제로 제공되었다. 그는 1518년에 두 번이나 이 책을 재판했다. 곧 이 책에는 《독일 신학》(Theologia Germanica)이라는 제목이 붙었다.

독일 종교 개혁의 진전이 이루어지고 있던 단계에서 이 책은 루터, 그리고 그와 같은 마음을 가진 사람들이 들을 필요가 있는 것을 담고 있었다. 그것은 따뜻하고 생생한 경건함과 거룩함, 그리고 하나님과의 연합을 위한 신학이었다. 나중에 이 책이 재침례교도(Anabaptist)라는 급진적인 종교 개혁자들의 관심을 끌자 루터는 이 책에 관심을 덜 보였다. 하지만 이 책을 가치 있게 여긴 독일 루터파 교도들이 항상 있었다. 그 중에서도 특히 경건주의자라 불리던 사람들이 이 책을 가치 있게 여겼다. 추후에 이 책은 1874년 수잔나 윙크워스(Susanna Winckworth)가 번역한 영문판의 출간으로 영국에서 환영을 받고 널리 읽혔다.

이 책은 하나님께서 '정화'와 '교화'(enlightening), 그리고 '연합'이라는 삼중 방식을 통하여 사람들을 자신에게로 인도한다고 가르친다. 여기서 이 책은 전통적인 가르침을 다음과 같이 반복한다.

> 실은 누구든지 우선 계몽되지 않는 한 하나님과 연합할 수 없음을 명심하라. 그러므로 이를 달성하는 데 세 가지 방법이 있다. 그것은 먼저 정화, 두 번째로 교화, 그리고 세 번째로 연합이다. '정화'는 처음으로 회개하는 사람에게 속해야 하며 세 가지 방식으로 일어난다. 그것은 죄에 대한 뉘우침과 슬픔, 완전하고 순순한 자백, 그리고 완전한 회개로 일어난다. '교화'는 성장하고 있는 신자에게 속하며, 위와 마찬가지로 세 가지 방식으로 일어난다. 그것은 죄를 거부하고, 미덕과 선행을 실천하며, 불행과 시련을 인내하고자 하는 의지로 일어난다. '연합'은 완전한 신자에게 속하며, 이 또한 세 가지 방식으로 일어난다. 그것은 마음의 순수함과 일편단심, 거룩한 사랑, 그리고 만물의 창조주이신 하나님을 명상하는 것으로 이루어진다. 그러므로 그 목표는 하나님을 명상하고 사랑하며 숭배하고, 그분과의 교제를 누리는 것이다.

이 신비로운 탐구는 새 아담인 예수 그리스도를 중심에 두고 있다. 그분이 죄인들이 그분을 통하여 하나님의 형상대로 진정으로 거듭날 수 있도록 사람이 되신 하나님의 아들이시기 때문이다. 이 구원 역사 속에서 인간 자신이 하나님께 전적으로 항복하고, 하나님 안에서 진정한 믿음을 갖기 위하여 자기 신뢰(self-trust)를 버려야 했다. 이 책은 다음과 같은 기도로 끝을 맺는다.

"하나님을 위하여 모든 것을 버리고 우리 자신을 부인하고 포기하며, 우리 자신의 아집(self-will)에 대하여 죽고, 오직 하나님과 그리스도의 뜻에 따라 살아야 한다."

100

《순례의 길》
The Way of a Pilgrim
익명의 러시아 저자 지음

영어권 기독교에서 예수 기도(주 예수 그리스도시여, 죄인인 나를 불쌍히 여기소서)가 널리 사용되는 것은 무엇보다도 이 작은 책을 읽는 것에서 원인을 찾을 수 있다. 이 책은 1943년에 프렌치(E.M. French)가 영어로 처음으로 번역했다. 그 이래로 다른 번역본과 여러 가지 간행본이 나왔다. 이 책의 속편인 《영원한 순례자》(*The Pilgrim continues his way*)도 번역되었다. 그렇지만 그 평이함으로 인하여 기독교 고전으로 평가되는 것은 첫 번째 책이다.

이 책의 순례자는 19세기 후반에 살고 있던 러시아 크리스천이었다. 본인이 들려주는 이 이야기는 교회에 예배를 드리러 가다가 "쉬지 말고 기도하라"(살전 5:17)는 명령을 들으면서 시작된다. 이는 그로 하여금 탐구와 발견의 여행을 시작하게 한다. 그는 수도원에 있는 거룩한 사람들을 찾아다니다가 결국 어느 수사의 독방에서 이 조언을 얻는다.

끊임없는 예수 기도는 입술과 정신, 그리고 마음으로 예수 그리스도의 거룩한 이름을 계속해서 연달아서 부르는 것이다. 그리고 그분의 내주하시는 임재를 인식하는 가운데 모든 일과 모든 장소, 언제든지, 심지어 수면 중에도 그분의 축복을 간구하는 것이다. 이 기도의 문구는 "주 예수 그리스도시여, 나를 불쌍히 여기소서!"이다. 이 기도에 익숙해지는 사람은 누구나 큰 위안뿐만 아니라 이 기도를 끊임없이 암송할 필요를 체험하게 될 것이다. 그는 이 기도에 너무나 익숙해져서 이것이 없이 살 수 없는 수준까지 도달할 것이며, 결국 기도가 그의 마음속에서 저절로 흘러나올 것이다.

그런 다음에 이 수사는 《필로칼리아》(Philokalia, p. 155 참조)라 알려진 그리스 정교회 영성에 관한 글의 모음집을 그에게 소개해 주었다. 그는 "이 책이 끊임없는 기도에 대한 완전하고, 상세한 교훈을 담고 있다."라고 논평했다. 그는 이 책이 성경 속에 신비롭게 제시된 개념에 대한 명확한 설명을 담고 있기에 큰 가치가 있다고 덧붙였다.

그래서 순례자는 예수 기도를 사용하기 시작했다. 얼마 지나서 그는 이렇게 말할 수 있었다. "이제 나는 걸어 다니면서 끊임없이 예수 기도를 외우는데 이것은 이 세상의 무엇보다도 나에게 소중하다. ……차가운 바람이 나를 춥게 만들 때 이 기도를 더 열심히 외우기 시작하면 내가 따뜻해진다. 배고픔이 나를 압도하기 시작할 때 예수 그리스도의 이름을 더 자주 말하기 시작하면 먹고 싶다는 것을 잊어버린다. 내가 아프고, 나의 허리와 다리에 류마티스 통증을 느낄 때 그 기도에 더 집중하면 통증을 느끼지 못한다. 누군가가 나의 기분을 상하게 할 때 예수 기도가 얼마나 달콤한지를 기억하면 모든 일을 잊어버리고 의식이 완전하지 않은 상태에서 염려나 관심이나 유혹도 없이 걸어 다닌다." 이것은 시작에 불과하다. 왜냐하면 그 기도가 마음속에서 끊임없는 자동으로 시작되는 기도의 원천인 더 높은 단계가 있기 때문이다.

그러므로 순례는 여행 중에 몸소 방문하고, 사람들을 만나며, 주님을 섬기는 것이기도 하지만, 그 기도가 마음에 확실히 박혀서 하나님과의 교제를 이룰 때까지 기도를 더 심도 있게 사용하는 것이기도 하다.

에필로그

어떻게 90명 이상의 성인들이 집필한 100권의 책에 대한 소개를 끝맺을 수 있겠는가? 그렇게 할 수 있는 적절하거나 만족스러운 방법은 없다. 다만 나는 각 책이 개별적으로, 그리고 때로는 그 특유의 방식으로 가리키는 크리스천 생활에 관한 세 가지 특징을 제시하겠다.

가장 먼저, 참된 크리스천은 하나님을 묵상함으로 얻는 엄청난 열정과 집중력을 지니고, 하나님을 사랑하고, 그분의 뜻을 행하는 데 전력을 기울이는 사람이다. 사실 이 사랑은 그 사람 자신의 것이 아니라 성령에 의하여 예수님을 통하여, 그리고 그분 안에서 주어진 하나님의 사랑이다. 하나님과 사랑에 빠진 성인은 다른 사람들이 어리석거나 미쳤다고 할 일을 할 준비가 되어 있다. 따라서 첫 번째 특징은 '강렬함' (INTENSITY)이다.

두 번째로, 참된 크리스천은 인생이 '100년 더하기 10년' 으로 제한되는 것이 아니라, 하나님의 주관하심 아래 무한과 영원뿐만 아니라 영광의 풍요로움으로 열리는 삶으로 본다. 더 나아가 그 사람은 여기저기 있는 작은 그룹에 속하는 것이 아니라, 수세기를 통하여 존재하는 어마어마한 증인의 무리와 거룩함의 아름다움 속에 주님을 경배하는 하늘의 군중에 속한다. 그래서 두 번째 특징은 '광대함' (VASTNESS)이다.

마지막으로, 참된 크리스천은 이생에서 하나님을 누리기 시작하며,

이 기쁨은 더 깊고, 더 만족스러워지기 시작할 것이다. 하나님께서 신자에게 주는 선물은 영원한 생명이며, 하나님께서 자신에게로 부르는 사람은 영원히 부르신다. 그러므로 세 번째 특징은 '영속성'(PERMANENCE)이다.

강렬함, 광대함, 그리고 영속성—전체적이고, 완전하며, 절대적인 만족. 이러한 것들은 하나님 아버지께서 주 예수 그리스도와 성령을 통하여 우리에게 명하시는 삶이다. 이것이 이 고전을 통해 하나님의 영광과 우리 자신의 성숙과 성취를 위하여 체험할 것을 증거하고, 촉구하는 삶이다.

성경, 곧 '한 책의 사람'이 되는 것은 우리 대다수에게 성인들에 의해 한 책과 그 안에 있는 우리 주 예수 그리스도 안에서 하나님의 사랑의 강렬함, 광대함, 그리고 영속성으로 인도함을 받는 것이기도 하다.